INSIDER'S GUIDE TO THE ART OF PERSUASION

21天，超级口才，获得成功，改变命运！

口才

SUPER ELOQUENCE LAW

简单、高效、易行的口才法则

[美]雷克·科斯纳(RICK KIRSCHNER)著
张 勇⊙译

朝華出版社

口才，是你拥有“成功王国”的根本

人们都固执地认为自己正确，即使自己真的错了——如果你想拥有超一流的口才，你想能迅速而有效地说服别人，那么你就需要改一改自己的固执了。不管人们身处何方，如果你能首先理解他们的思维方法，接着考虑他们的需要、兴趣和动机，这样的说服就会轻而易举了。

为什么要学习说服的艺术？这有两个重要的原因。

首先，正是因为缺乏完美的口才和有效的说服，导致无数的机遇被错失，无数的资源被浪费，无数的财富和收入白白失去。如果你知道疑问的答案，或者难题的解决方案，但你却不能说服其他人，需要这个答案或方案的人就没有了指望。也许有一天，你的生意，你的家庭，你的社区，甚至整个世界，都会有赖于你的说服技巧。

看一看，那些成功的人，富有威望的人，改变历史的人，哪个没有一流的口才？哪个没有惊人的说服力？林肯、马丁·路德·金、乔布斯……显然，如果你想当总统，却没有出色的口才，那是极为渺茫的事情。有了好口才，即使你当不了总统，也能帮自己开创一个事业帝国。

其次，你必须知道如何保护自己，不被那些没有道德原则的人侵害。他们常怀有不可告人的目的，忽视你的存在，并且表现出带有负面作用的情绪。

这本书里的方法，能显著增强你在周遭世界影响力的潜能，让你不再会受误导或被欺骗，做出损害自身利益的决定。

在《口才》一书里，我将向你讲述各种口才的法则，这些法则，已经经过了世界各地无数人的实践。掌握了这些简单、高效的口才法则，你必将为你自己，为你的家庭，为我们生活的世界创造一个更积极的未来，拥有完美的事业和生活。这也正是我的希望所在。我希望各位能够跟随我开始一场难忘的旅程，去感受《口才》中诸多的精妙方法与实用技巧。

目录

Eloquence

口才

Eloquence

第一章

拥有好口才的须知事项

影响力

什么是影响力？就是别人对你绝对的放心。当别人信任你的时候，就会很容易接受你的观点和想法。这个时候，你的想法会很容易得到实现。信任如此重要，所以我要用大量的篇幅来介绍“信任”这个关键词。同时，这个关键词将会贯穿此书的始末。别人的信任证明你是个有魅力的人，没有任何其他事物会产生如此强大的能量。

有了影响力，一切皆有可能。

负面影响

世界上有这样一种东西：负面影响。什么情况下会出现呢？内心意愿被强行改变之时。负面影响不需要信任，有时候是出于责任，有时候是出于错误的认知。负面影响的出现有很多种方式。例如，来自同龄人的压力，学习成绩的压力，相貌俊丑的压力。也许你会注意到，和某些人呆的时间久了，你会和此人有诸多相似之处，夫妻相就是这样来的。有时候你会为了某些目的和不喜欢的人在一起，或者你被某些人无情地利用了，这些情况下，很容易产生负面影响。

当今这个信息社会，负面信息如影随形，无处不在。它们潜伏在电台、网站、各类时尚杂志甚至报纸中，当观众被动接受的时候，很容易受到某些局限甚至偏激观点的影响，有时候还会在潜移默化中改变自己原本正确的人生观。尤其是各种铺天盖地、无数遍重复播放的广告，再加上明星代言，消费人群很难辨别其真假。

长时间地停止思考，你会被周边环境同化，你将接受周围的人甚至媒体的观点。长此以往，你变得毫无主见，视野狭窄，而整个社会也会走向极端。当习惯于一种单调的环境：重要的信息无人问津，个人的漠不关心将导致自我的认识能力不足。如果你还想具备一定影响力的话，思想局限是不行的。

要改变这种状况，那么就去阅读、收看和收听那些你并不认同的观点，挑战你的理解能力，获得更强的思考能力，去接触那种你不喜欢、不愿意接触到的信息。通过这种方式，你能拓展自己的信息量和知识量，开阔自己的视野，所谓见多识广，这就满足了你更好地理解所处世界的需要，并给你提供了足够的知识以及信息，去改变人，去说服人，去影响这个世界。

强迫

无论你的老板、上司，还是政治领袖甚至政党，当他们强制性地要求你顺从，而你又别无选择时，只能按照他们的意愿行事，这将会对你产生极其不良的负面影响。这就是“强迫”，强迫造成的后果是失去信任。

当家长强迫自己的孩子顺从时，孩子会产生叛逆心理。例如，超市里，孩子淘气不听话，母亲喊道：“再捣乱，回家好好收拾你！”孩子也许会暂时顺从父母，但是进入青春期后，在荷尔蒙的冲击下孩子会叛逆无比，此时的父母将毫无办法。在孩子面前，父母毫无威信。

公司的管理层也许会强迫自己的下属完全服从自己的领导，但是这将导致下属的不满和怨声载道，甚至对领导的恶意中伤。无论在会议室还是在生产车间，领导的盛气凌人随处可见。领导者对待下属只有一个态度：必须无条件服从。凡是挑战领导者权威的下属只有一个下场：滚蛋。领导者的言行举止都在透漏着一个信息：在我这里混的，都是听话的下属。

强迫总会给别人造成约束和压抑感。强迫不可避免地使用到威胁、惩罚甚至不光明的手段，被强迫的一方会感觉到恐惧、焦虑甚至行为失控。仔细想想，你会深深地意识到，强迫必将带来彼此间的不和谐。短期内，惩罚和愤怒的威胁会获得对方的服从，但是从长远来看，彼此的信任将彻底丧失，再无恢复良好关系的可能。强迫别人代价太大，具备完美口才的人是不会这样做的。

说服力

如何给说服下一个定义呢？从目的层面讲，说服是通过沟通来说服别人，让别人接受你的想法和理念，刻意地接受。为什么是刻意地呢？因为别人接受你的想法和理念不是意外也不是偶然，而是你刻意为之导致的结果。那么，为什么要影响甚至改变一个人态度呢？因为态度决定行为，影响他的行为，正是我们的目的所在。

性格决定命运

通常来说，态度就是一个人对特定对象的理解情况。包括个人动机，沟通语言以及立场。

某些人甚至某些团体总是找你去给他们捧场：你支持战争吗？同意人

流吗？存在国际争端时，联合国的权力够不够大？你是改革论者、保守派还是自由主义者？雇主和雇员谁更应该具有发言权？民贵君轻的观点你认为正确吗？合法公民可以携带枪支吗？你喜欢下馆子还是自己做饭？健康和事业哪个更重要？

当某些人处于特定且明确的立场时，说服他们非常困难，因为他们没有处于中间状态的需要。只有当某些人处于中间状态，左右摇摆之时，说服他才存在可能，劝说他才有意义，才不会做无用功。

说服别人是一种艺术

说服的艺术，就是一种运用各种方法影响和改变他人的态度。一个人的态度的改变，会导致行为的改变；行为的改变引发结果的不同。

说服有多种方法。一些方法是道德层面的，另一些是非道德层面的。例如，我认为故意制造恐惧去影响选民，是一种不道德的行为；借用明星的名气去代言劣质的产品，同样是不道德的。我相信诚实永远是最好的策略，尽管它可能会带来对方短期的抱怨，但从长期来看，它会给你带来更加稳固的影响力。

以上只是我自己的想法，相信每个人心中都有一把道德标尺。不可否认，在你的身边有形形色色的说客，他们为了达到自己某些目的，不择手段地试图左右你的思想和行动。但是你应该有自己的想法，只有你的意气用事和懵懂无知，才会让企图控制你的那些人奸计得逞。

操纵

有些耿直之人在说服别人接受自己的时候会存在这样的疑惑：说服别人和操纵别人是一回事吗？请原谅我的模棱两可，我的回答是：既是也不是。

从前，你还是个婴儿，你不会走路，不会用任何能让成人理解的语言进行表达。你使用哭泣、凝视及咯咯地笑来传达大量不同的信息（我饿了，我想睡觉，我尿裤子了，我不开心，我想打嗝，我很脏，我不舒服，我很兴奋，我想见到你，你去哪里？不要走，等等）。在你生命中的某些时间，当所有人都不能告诉你如何做的时候，你学习走路和说话。你意识到如果你想得到果汁而不是牛奶或水，你就得说“果汁”。然后果汁就送到你跟前了。你意识到如果自己说出恰当的话，可以让特定的人去把果汁拿来。“果汁，妈咪！”或者“果汁，爸爸！”以后，你发现如果恰好说出了正确的话，你就能大大加快果汁送到你跟前的速度。“果汁，妈咪，马上！”你还认识到，调整自己的语气、语速和音量，还可以使果汁来得更快。“果汁，妈咪，马上马上……”

你为什么要这样做？什么激发了你的潜质让你掌握如此的技巧？答案很清楚：你能否得到满足取决于你的语言和肢体表达能力。如果你需要帮助，如果你想实现你的想法，你要做的就是不断提高自己的表达能力，带有技巧的表达能力。

一个人最大的财富，莫过于拥有精湛的沟通和表达能力。你终生都会运用到这些技能。现在的你机会很多，相比你的童年，可以不断地学习沟通技能，可以更加有目的性和更有效地使用它们。

下面还有很多重要的定义，他们或多或少地和沟通艺术联系在一起，这些重要的主题能够帮助你提高口才，帮助你达到自己的目的，实现自己的理想，甚至成就你的事业，改变这个社会。正像前苹果公司 CEO 乔布斯所说的：活着就要改变世界。

说服者：就是你自己。

说服对象：那些你打算说服的人。一个说服对象可以是一个人，也可以是一个或小或大的群体。

劝说主题：这包括以下问题的答案。你准备说服谁？你要想他们怎么想，怎么做，怎么决定？你计划在哪里劝说他们？你计划什么时候劝说？你计划如何劝说（开始的话题、主题、方向和线索等）？你为什么想要劝说别人，你要说服的对象希望你如何将谈话继续下去？

陈述：当轮到你介绍自己的想法和观点时，我们将之称为你的陈述。

说服的三阶段：倾听，打腹稿和陈述。

要求 / 风格：沟通需要用一定的交流风格进行。

开始话题：你在开始陈述自己观点的时所使用的特定话题格式。

指南：完善和包装你的信息，使其更有说服力的方法。

线索：察言观色，恰当地把握对方的心理和想法。

口才

Eloquence

第二章
实用的假设

我假设你可以和很多人进行顺畅的沟通，至少和一些人可以无障碍的交流。然而如果你说你找不到一个可以顺畅交流的人。那么好吧，那也在可预料范围之内。无论哪种情况，你都可以在很大程度上提高自己的交流沟通能力。这个章节，我将会向大家讲述如何做有效的假设，并且如何在这些假设中提高自己的表达能力，完善自己的口才。

在日常生活和人际交往中，假设和事情的结果总有着千丝万缕的联系，现在我为大家提供一个模型，也就是所谓的“理性的本质”。

“理性”是这样一种精神状态：你知道自己是谁，你在什么地方，并且通常来说，有时候你可以预测将要发生什么。我们对这个概念逐层分析：首先你要知道自己要干什么，要达到哪些目的，想实现怎样一个愿望。并且在你的内心深处，你清楚地知道应该采取哪些行动才能实现你的想法。你根据自己的判断做出一个假设（关于你个人，关于他人，或者关于形势），想出一个计划。之后，你就不可避免地要采取行动，付诸于实践，以证明你假设的正确性。一件事情一旦你开始做了，总会有一个结果，成功或者失败，有时候失败了，你还可能找个借口说运气不佳来推卸责任，却不在自己身上找原因。

在人际交流中，只有偏执狂才会认为自己永远正确。人无完人，不承认自己会犯错的人注定会失败，哪怕来得晚，但是始终会来。让我换一种方式来给你解释：因为你固执地认为某些事情是对的（实际上并非如此），你就会一味地坚持，毫无变通。偏执的结果必将是以悲剧结尾，因为你的偏执阻碍了愉悦的沟通交流。

无论假设正确与否，一旦出现错误或者不理想的结果，你总会试图寻找蛛丝马迹，并徒劳地想证明失败的结果并不是你造成的。然而，这些都是无用功。

理性的本质，就是你对很多事物形成判断和假设。你的每一个行动，都是建立在你自己的判断和假设上的，你会认为自己的判断和假设是对的，不然就不会行动。而一旦行动，你就会坚持去做，而很少改变主意，因为你认为自己是正确的。这样做的结果就是：你和他人之间频繁的出现冲突和不和谐，很难达成一致的协议。

值得庆幸的是，有人已经总结出了科学方法，来克服“理性的本质”强加给我们的幻觉。这个科学方法，包括构建一个可实施的假设（一个设想），接着实施这个假设，证明它似乎不正确。这样做的主要目的是检验它，并试图否定它。如果做完了所有事情还不能推翻这个假想的正确性，你就可以行动了。这样就可以减少非常多的失误——多亏了这种科学方法，人们对世界的认识，以及对世界的改造，经历了一次次的突破。对大多数人来说，实现这样的突破并不容易，因为这似乎与“理性的本质”相违背。这个理念在数学上叫反证法，例如有人说：世界上的鸭子都是两条腿。如

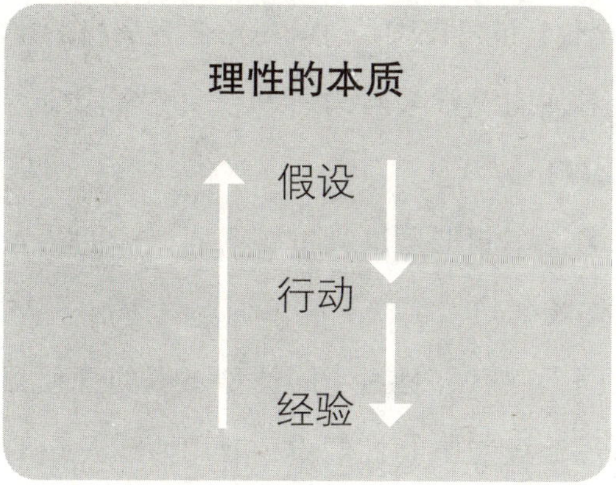

果你能找到三条腿或者一条腿的鸭子，那么你就赢了。

当一个人的口才发挥作用时，理性起着至关重要的作用。这并不意味着你不能做假设，假设在我们日常生活的事情处理中也起着至关重要的作用，所以该假设的时候还是要假设，但是理性所起的作用更大。

不要徒劳地试图在任何时候都能搞清楚一切，你不是超人，超人也做不到。你可以怀疑某些假设，但是目的是让假设变得更加实用而不是限制假设所起的作用。一个实用并且生动的假设可以带给你广泛的参考信息，可以让你在行动中成竹在胸，可以让你获得自己满意的结果。一个受到限制的假设会阻碍你的行动，束缚你的思想，让你陷入自我挫败和自相矛盾的境地。

因此，你的假设既可以促进你想法的实现，也可以对想法的实现产生阻碍作用。既可以成全你，也可以毁掉你。对于假设消极的反应，错误的理解，偏执的立场，都会对你的正常人际沟通带来冲突和障碍，这些都是受限制的假设带来的不良影响。

我曾为一家知名汽车制造厂进行过题为“交流的艺术：怎样让你处于最佳状态——哪怕你的现状很糟糕”的培训。我邀请了45个项目经理来到培训现场，他们之间很熟悉并且对不同类型下属的管理都很有一套。当时我给他们讲述了有用假设与限制性假设（有用假设是指对解决现实问题有帮助的假设，限制性假设指的是有约束条件的假设）的相关知识。

我问：“如果你们觉得某些人是蠢货，会如何对待他们？”

他们回答说：“像对待蠢货一样。”

我问：“如果你们像对待蠢货一样对待一个人，他会怎么做？”

他们给出了答案：“他会像个蠢货那样做”。

我就问：“这时候你想怎么评价这个人？”

这群人回答道：“他是个蠢货。”

接着，我给他们举了第二个例子。我问："如果你认为某人是一个傻瓜，你怎么跟他讲话？"

得到的回答是："就像对待一个傻瓜那样！"

就在这时，一个名叫凡尼、相当魁梧的人靠墙而站。他用一种毫不含糊的语调告诉我，他已经学会了如何处理一个叫乔的男子。"请相信我，里克，"他宣布："这可不是我单方面做出的假设，这是事实！乔是一个蠢货和傻瓜！"我环顾室内，注意到其他所有人都在点头，表示同意。他们都知道乔，都认同凡尼对乔的评价。也许你认识乔，也和凡尼有同样的观点。也许你在生活中会遇到这样一些人，无论什么时候，你向他们描述某个人，他们都会点头同意你的看法。我一点儿都不用吃惊。

事实就是，对你来说，如果外人非常坚定地给你讲述一件事情，一个观点，这个人的讲述很容易就会让你受到束缚以及陷入自我欺骗。为什么？同病相怜。

如果有人这样告诉你，这又能怎么样呢：即使你能在法庭上发现某人是蠢货或傻瓜，这并不能帮助你成功地说服这个所谓的蠢货或者傻瓜。如果认为自己永远正确，那么你已经处于非常危险的境地了。对别人错误的认识，会触发你的负面情绪，这将影响你的创造力和效率，后来的行为也会偏离理智，趋向狭隘。例如，你认为某人不专心听取你的观点，认为某人无药可救。如果你一直如此，那么你就错了。

也许你会想："乔确实是蠢货和傻瓜，那又怎么样呢？"那又怎么样呢？不要误解我。你必须做出一些假设。你必须设想一些事情，否则什么都做不了。但有用的假设能帮助你，而受限的假设则束缚你。因此如果你必须假设的话，就设想一些有用的假设。你的有用假设，不用总是正确的。但你可以利用它发现一种途径，采用这种途径或者方法来达到你的目的，说服别人。本书中有许多实用并且没有局限性的假设。这些假设不一定总是正确的，但是即使你试图否定它们，它们也经得起你的检验，并且可以证明假设本身的有效性。

下面，我们将介绍几个比较实用的假设。

纵观全局

医生询问病人的第一个问题一般是“你哪些地方不太舒服？”这个问题比“出什么事了？”或者“你有什么问题？”更常用。每个病人对这个问题都可以给出自己的答案，因为每个人都知道自己的问题所在，都知道自己哪里不舒服。正所谓，冷暖自知。包括你在内，每个人都知道自己所不希望发生的事情。抱怨是容易的，每个人都可以。但是我可以告诉你问题所在，问题是如果你刻意地回避一些东西，你将会得到得更多。一方面，这是理性的本质。另一方面，这是大脑中一种干细胞的生理作用，干细胞就像雷达一样，反映你需要的和不需要的东西。

如果你告诉小乔尼不要“打扰这些大人”，他就会立即开始这么做。告诉小乔尼不要“玩烟灰缸中的烟头”，他就会觉得这么做很正确。

当你结婚后，这种类似于雷达的细胞开始生效，突然，你会觉得整个世界也都沉浸在幸福之中！在这种幸福感之下，你们决定要生个小宝宝，你们还会想要很多孩子！你们计划买个合适的婴儿车，你就会发现某个地方有一货车的婴儿车！你所能注意到的，与你想要的（或者不想要的）相关。因此如果你所知道的全都是你不想要的，你反而会得到更多这样的信息。

无论做什么事情，包括试图说服别人，你需要围绕这个目标来开展你的活动。你需要知道自己选择的目标，要取得的成果以及为什么想取得这些成果。或者你只是想达到容易实现的目标，摆脱那些你似乎无法避免的抱怨、问题和障碍。

你清楚自己想要以何种方式结束说服是非常重要的。我把这个称为你的说服主题或者主旨。当意想不到的情况发生时，它可以帮你组织语言、练习说服技巧，并做出适当的回应。这是一个有目的和有效果的说服行为的关键。

一个说服主题由以下要素构成：你打算做些什么（这是你的想法、产品或服务等），你想去说服谁去做这些，你希望这些在什么地方发生，你为什么想要说服你的目标，为什么他们应该会在意你提供的想法、产品和服务等，因为人们更可能因为自己的利益而被你说服，而不是为了你的利益。

你可以影响别人

你并非不能影响别人，是的，这是一个双重否定。正如我们已经知道的那样，负负得正。重要的是，在一件事情发生的过程中，你说或者不说、做或者不做、甚至是想或者不想，对别人都会有不同的影响。超市有水果降价，你要是第一时间告诉对方，他会感激你，但未必会买；如果你不告诉他，他会对你不满。

事实上，你不想对别人产生影响的唯一办法，就是你们中的一个不在这个世界上了！如果你和自己试图说服的对象都活着，你就不可能对他完全没有一点影响。

每次你问某人某个问题，或者对某人说一些话，你就会对他的思考过程产生影响。你参与了此人的思考过程，每一个问题，每一句话都会影响这个人，都或多或少地重塑了他的思想。你总是有影响力的！所以，把任何你没有影响力的想法放在一边，要确信，你确实有影响力，你确实能得到对方的回应。如果你不满意自己的影响力，那就立即改变自己的做事方式！

问题本身能够说服人

你有没有被问到过迷惑不解的问题？有没有被问到过自己完全不同意的问题？无论同不同意，每一个问题都会把聆听者带到一个特定的思维空间。在这个思维空间里，聆听者将会想到和问题相关的一些事例。一系列的提问可以改变一个人的思维。提问可以让谈话回到正轨或者让它脱离错误的路径，这都是有可能的。我们在问问题的同时把自身的目的和动机都糅合在其中，我们创造出相关性，并且在问问题的过程中也暴露除了自己的动机和意图。

比如针对一个爱捣乱而不爱学习不追求上进的学生，可以提问：你不好好学习，你的父母是不是为此而生气而伤心？你的同学是不是背后看不起你？你的朋友是不是因此而疏远你？当你提问的时候，你的说服对象就会按照你的思路思考，他可能进行自我反思，并因此改变自己的观念。

知道自己能做到什么，也知道自己应该如何做到这些，你做事就更加灵活，能引导他人向着你希望的方向去改变。如果受到别人影响，你在思考和别人如何交流时，问题的提出将会对你产生巨大作用。你要搞清楚问题的关联性，它们的目的和动机，要对它们有更深入的理解，你还有必要掌握大量的零碎信息。

对你的说服对象来说，你的问题为他们做出决定提供了可能性。因为你的说服对象可能没有头绪，而你的发问，给他们以启示，让他们有了选择性。你可以引导他们思考，也可以征求他们同意。对大多数人来说，只要你提出合适的问题，他们就能给出正确的答案，但他们自己没有提出问题的能力。

举例来说，老板想让你尽力为公司工作，那么他会问你：你是想趁年轻的时候辛苦一点，以后幸福，还是想年轻的时候轻松，后半辈子却永远受苦呢？

遭遇阻力根本不是个事儿

哪怕非常好的想法和观点，也会遇到别人的反对和非议。因为遇到阻力，一些重要的解决方案都没有了用武之地。为了达到我们的目的，试着这样：先把遇到的阻力放到一边，当做是自己努力过程中的一种反馈。这样做，对你大有益处。

事实上，有这么两种方式，一定会遭到对方的反对。

第一种方式是一味的坚持，毫无变通。如果你在试图说服别人的时候只是劝说而没有倾听，只推销你的观点而缺乏沟通与交流。如果你坚持让某些人理解某事，或者听从你，或者同意你的见解，而你却像个消防水管喷射一般对他们说个不停，这样就容易造成对方的消极反应，使对方走上完全反对你的极端道路。同样，如果你在说服他人时自身存在顾虑，对自己的观点不是很自信，不是很有把握，你的说服对象就会察觉到你的不安，他们同样也会感到不安，并将其变成他们自己的反对意见——如果你认为自己观点不对，或者不够自信，你就说服不了对方。

我想起了自己还是个基础数学硕士时的故事，当时我的一个同学在向一个病人推荐一种治疗方案（通过改变饮食结构而改变身体状况）。我的这个同学根本就不喜欢他所推荐的项目，随便哪个人，都能从他的脸色和声音中看出这点。他皱着鼻子和额头，嘞着嘴唇，想了一下就说："你以前曾经试过营养酵母吗？"病人明白了他的暗示，于是答复："不，我不想这么做！"

必定遭遇反对的另一种方式，是针对某些话题，不考虑对方的现实认知水平，或者试图绕开这些事情，就像它们不会产生实际后果一样。比如，对着一个没上过大学的人，你大谈马斯洛的需求层次理论。也许让别人反对你的最好方法是向别人暗示：我所说的事情你应该反对。遭遇阻力很正常，但是这种反馈给你传递了这样的信号：你需要重新考虑你的口头表达方式了，你肯定遗漏了一些重要信息才导致这样的局面。遭遇阻力本身就给你传达着这样的意思：别说了，先听听别人的想法。

涉及自身利益时容易被别人说服

除非你懂得如何让说服对象会关心你的话题，否则，即使你是为了说服对象好，还是先把口才练好再说。这就是为什么本书中很多值得你学习的技巧，都是让你了解你的说服对象。即所谓知己知彼，百战不殆。说服对象为什么要听你的长篇大论呢？

现在你要了解和掌握的就是劝说命题。同时还要形成一套可行性的观念：谁，在哪里，什么时候，为什么要使用本书中提供的素材。去尝试一下吧。待会儿回来。

好，现在回来。复习一下我们几个比较实用的假设：

你可以影响别人。

问题本身可以说服别人。

阻力根本不是个什么事儿。

涉及自身利益时容易被别人说服。

纵观全局。

明白了说服的命题，也了解了一些实用的假设，现在可以学习劝说的技巧精髓了。

现在就开始。

口才

Eloquence

第三章
说服的原理

詹姆斯·普罗查斯特（James Prochain）在其专著《向好而变》(Change for Good) 中，提出了一个模型，这个模型认为一个人改变自我可以分为五个阶段。在某些人改变成型之前，他要经历这些改变。

改变自我的五个阶段

无知
承认
计划
行动
重复

第一阶段是愚昧无知

愚昧无知是这样的一种心理状态：一个人不知道自己不知道的是什么。如果一个人为了自己内心的平静，故意忽略或者拒绝某些信息，这种情况被称为故作无知，甚至可以说成装疯卖傻。这种现象比你能想象到的还要普遍。劝说过程中你要假设你的说服对象对你的想法和知识并不了解，这将大有益处。但是这种假设并不一定正确，因为可能你的说服对象了解你的观点，所以在谈话过程中你一定要注意察言观色。假设对方无知的价值所在是：你可以时刻提醒自己不要偏离主题，井井有条，细致入微地介绍自己的观点，以便把对方带入下一个阶段，即承认你说法的正确性，对你表示赞同。

假设对方无知是说服别人过程中非常重要的一个阶段，特别是如果对方不是装糊涂，而是真的不明白时，就需要你根据得到的信息做出适当的反馈——例如，如果你的说服对象不了解自己行为的后果，在你让对方清楚这些行为所产生的后果之前，你需要了解有关对方接受能力的背景知识。或者，你的说服对象清楚这个问题行为，甚至也知道你希望他怎么改变，但并不清楚如何根据得到的信息采取行动。这种情况下，你所提供的信息就应该是关于行动的方案。如果你的说服对象知道事情应该怎么发展，也知道如何着手去做，但没有足够的动机，这时，就需要你去激励和鼓动对方，着重强调采取行动后带来的实际利益。

你应该假设你的说服对象对事态的发展所有可能性并不完全清楚，除非你特别了解他们的内心。我建议你：除非你对你的劝说对象十分了解，否则你要把这些人认为是无知的，这将对你成功的劝说大有帮助。

第二阶段是别人承认你的观点

承认阶段，是一个人意识到自己能做某些事，并且想做这些事的阶段。这时，他看见了前进的希望，是希望吸引了他。承认的结果，是他想获得更好的发展机会，想把自己的想法付诸于行动并实现自己的梦想，这个时候，他会主动了解一些对自己有价值的信息。你要知道，当一个人开始询问如何获得改变、获得前进的问题的时候，他就是处在了这一阶段了。

这是一个伟大的时刻，一个激动人心的时刻，一个转变的时刻。突然之间，你的说服对象意识到有可能实现一个机会，自己知道了可以改变现状的方法，并且可以通过自己的努力将理想转化为现实。如果你充分倾听，并且给说服对象提供了他试图找寻的信息，他就会在你的细心指导下进入到下一个阶段。

第三阶段是计划

在这个阶段，你的说服对象会为行动而开始计划，他开始计划行动的步骤，并且会主动找到可以帮助自己的朋友或亲戚。他的计划需要有人进行指导和示范。

所谓计划赶不上变化快，往往在你认为你就要成功地说服一个人的时候，问题可能就发生了。如果你要说服的对象放弃的原因并不是你，那么你也不要灰心，还有机会。也许他们并不想放弃，只是因为感觉到自己能力有限，或者对自己缺乏足够的信心等等。相反，你要意识到，对方之所以没有改变，是因为他们的无知造成的，这个时候，你要承认对方的无知，重新开始这个循环，再次让别人接受你的观点，接着把上次忽略的因素加入到下一个循环的计划阶段。

第四阶段是行动

当对一个计划做了足够多的准备工作之后你的说服对象准备行动，准备迎接改变。这个时候你就可以从具体的要发生的事件当中学习到一些经验，以便于很好地指导你的说服对象。

在这一阶段，人们需要许多支持。他们需要积极的反馈。没有这些，他们也许会失去信心，会放弃和屈服，失去对你的信任。在这个阶段，即使开始阶段遇到挫折也不要气馁，因为当人们想尝试一些新鲜事物时，现实很少能完全按他们期望的那样发展。行动是提供更多保证和鼓励的阶段，需要你给予支持，帮助你的说服对象搞清周遭发生的事情并调整他的努力方向。在这一阶段，积极的反馈是非常宝贵的。你要给予你的说服对象以正能量。

你所做的一切，无法保证能彻底改变你的说服对象，但是你要确信，你的努力会对说服对象的毕生都产生重要的影响。说服别人从一而终地做一件事情，需要花费你大量的精力和时间。所以，你要坚持不懈地让你的说服对象坚信自己的理念，否则前功尽弃只能带来失败的结局。你不能就这样离开，不能不管不问。因此，你必须接着进入第五个阶段——重复。

第五阶段是重复

一个人要把一种新行为发展成习惯，就需要不断地重复。要把一种新的思考方式变成习惯，就需要反复不断地思考这种方式，直到想法在心中扎根。人类是习惯的生物，而习惯是通过重复和坚持来创造的。第五阶段必须被视做仍在进行中的阶段，直到这个人甚至不用思考就能完成它。

期望人们通过一个单一的步骤就能从无知走向行动是错误的。这种期望很可能促使你在说服对象的思维里灌输太多的不和谐信息。很自然的，你的说服对象会在脑海中想到反例来否认你的观点，不承认你说法的正确性。最终的结果就是：什么都没改变，或者改变并不持久。

说服别人时，无论什么情况下，你都不能从第一阶段直接跳到第五阶段，甚至从第三阶段开始也不行。你每次只能前进一个阶段。所以考虑到你希望说服对方进行的改变，准确地定位他所处的阶段，就显得非常重要。你的目标，是让说服对象仅仅前进到下一个阶段。这将显著提高你的说服成功率。循序渐进，一步一个脚印。

没有人可以从对一件事情毫无知情的情况下养成相应的习惯。相反，就像俗话所说，欲速则不达。如果某人还处于对一件事毫无知情的情况下，你唯一的目标应该是为其引入有价值的信息，而不要想着马上去说服。如果他们处在承认你的观点这个阶段，你全部的努力应该集中在获取信息和制订计划。如果对方有一个计划，你的全部努力应该是帮助他们去向前跨出一步，去采取一些行动，不管这行动多么微不足道。如果他们正在采取行动，你必须关注于促成这个行动。

改变的五阶段是一个相当有力的模型，能帮助人们从无到有，从不了解到养成习惯。

口才

Eloquence

第四章
说服别人时出现的四种可能

劝说别人时，会产生四种可能的结果。当你试图改变别人的行动、意念甚至某些主张时，有两种结果值得你为之努力。另外两个结果也不坏，至少为你提供了这样一个机会：如何与别人有效地互动。

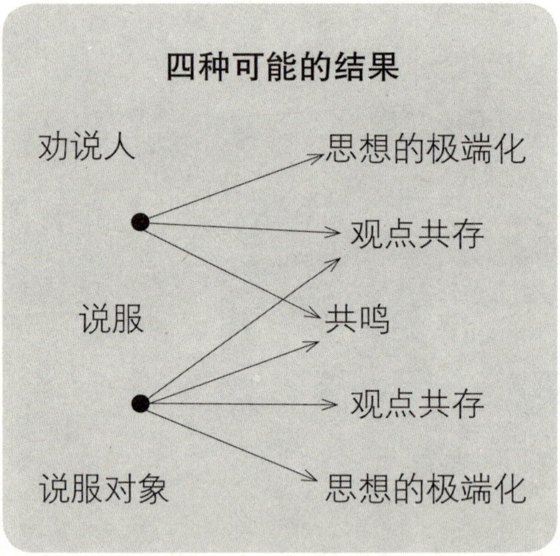

观点共存

你认为这样是正确的，我认为那样不错，于是我们共同存在，兼容并包。

你努力劝说了，劝说对象也耐心地听了，但是最后大家都没能达成一致，还是各持己见。结局和开始一样，涛声依旧，这个结果称为“观点共存”。这就好像在说，开始和结束在同一个地方，并且想法、立场和内心的希望都没有改变。你没能正确理解对方的观点和立场，这就是你可以预见的结局。这种情况下，你只能向对方表达你的观点，而对方不会分享你的观点。这种情况时有发生，原因在于你没能耐心地聆听，或者没能有效地理解对方的意思。很多时候，我们都可以避免这种情况的发生。

思想的极端化

你认为这样是正确的，我认为那样不错，于是我们都试图说服对方，这种情况下我们互相攻击对方，事态恶化。

第二种可能的结果是，虽然你努力进行了说服，最后你和你的说服对象反而都更执着于沟通之前的立场。当你批评、攻击、辱骂对方是错的，而认为自己是正确的时候，往往就发生这种结果。我将之称为一个极化的结果，你们更加坚定了自己的立场。如果你曾看到或听到两个人讨论政治、性或宗教，就会准确地知道固守己见是什么样子。

共鸣

你认为这样是正确的，我认为那样不错，最后我们都意识到，大家是在说同一件事，只不过说法和语调不同！不管怎样，让我们庆祝一下这个共同的结果。

第三种可能的结果是，由于你和你的说服对象的信息聚集，以及你说服技巧的提高，你们都认同改变自己的立场或承认对方动机、意图等的价值。这是一个好结果。在任何时候，如果你能得到这个结果，都应该将其作为一种进步并表示感谢。在几乎任何情境下，当你试图说服时，运用本书所提供的技巧可以很容易地达到这个目标。我将其称为融合。在这里，你和你的说服对象的利益都能得到满足；在这里，你们两个人的动机都得到了尊重；在这里，你们都放弃了自己的部分立场。就应该这样！非常好！

说服

你认为这样是正确的，我认为那样不错，于是说服对象说：嗯，你说得很对，我表示同意。

第四种结果，是当你开始读这本书时就可能会想到的一个结果，就是你的说服对象转变态度，同意你的观点之时所发生的场景。在这里，你的意图成为他们的意图，你的动机成为他们的动机。本书所要传授你的，就是迅速而完美地说服你的说服对象。

口才

Eloquence

第五章
让对方接受你

要带着诚意来说服，先不要想着说服，而是设法与说服对象建立某种信任关系。为了让对方更加信任你，你自己必须值得信任。要值得对方信任，你必须在理智、情感和行动上，都要考虑对方的最大利益（就像他们自己理解的一样，而不是你希望他们做的）。这种方法的好处在于，信任促成接受。如果仅仅为自身的利益而进行劝说，即使你认为自己考虑到了对方的利益，也很容易遭到怀疑与拒绝，降低你说服成功的可能性。而一旦被拒绝，你的说服难度就明显地增加了。

三种接收区域

对于外来的信息，说服对象将其分成三类来接收。在其心目中，三个区域分别代表接受，拒绝和无所谓（例如：我不关心）。接受区域包含了说服对象的认知水平和自己所掌握的一些事实基础。一旦你接触到了这三个反应区域，你的信息可能被对方接受，也可能被拒绝，也可能无所谓，这要看他的认知水平。当你讲话的时候，你的说服效果，将很大程度上取决于你能否紧密围绕说服对象的认知水平来进行说服。

比如一种含有益生菌的饮料，当益生菌知识普及之前，人们认为细菌总是有害的，所以远离细菌是人们能够接受的，而你让人们接受益生菌饮料是一件艰难的事情。也就是说，你的说服对象的认知留在“细菌是有害的”认知水平上的时候，你试图说服对象饮用益生菌饮料，就会被他拒绝的。除非你的说服对象已经认识到有的细菌对人体是有利的，那么当你说服他

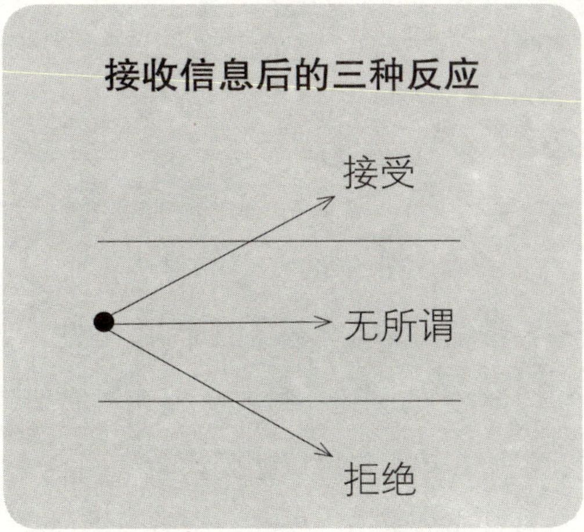

饮用益生菌饮料的时候，他才能接受你的意见。

很显然，首先要了解说服对象的认知水平，才能更好地说服对方。但这时，你不要急于进行说服。你可以围绕着说服对象的认知水平，谈论一些能够拉近你们之间距离的事情，让说服对象能够比较容易地接受。但是你不必表现得特别有说服力，而是和说服对象轻松融洽地交流，能够做到这些，你将会更有说服力。这并不是说你要停留在那里，而是要从那里开始。

你的劝说能否成功，依赖于你对以下有用假设的接受：每个人只把自己理解的现实采纳为“事实”的版本，或者至少将其置于其他版本之上优先考虑。接受区域，就是每个人的现实想法的存放地。你的说服能力，紧紧依赖于你开口的那一刻，你所说的内容与这个现实想法的契合程度。你并不需要完全同意对方的版本，但必须与之相当接近，否则就有这样的风险：你说的一切，都很可能被他们拒绝。而对方下意识接受或者拒绝你的决定，几乎在一瞬间就会发生。

从他们的观念处着手

这是一个坏消息：接受或拒绝的发生都很快，而且一旦你所说的内容被拒绝，你会发现想要继续劝说将会相当困难。但这里同样有很多好消息。在有无数可能的情况下，你的陈述，只要从整体上或部分地围绕对方的现实想法展开，就能让说服对象觉得可以接受。

因此，为了增加自己的说服力，你并不需要完全理解对方的个人情况，但必须用一种令说服对象熟悉的方式进行讲述，这样对方就会在你的话语中进一步认可他自己。当开始说话时，你越理解他们的需要和利益，就越会越有说服力。这并不是要你停留在那里（你的劝说开始的地方），只是要你从那里开始。

还有更多好消息！即使在他们的接受区域之外开始，即在他们无所谓的区域开始，你依然有机会成功说服，相比你被完全拒绝，这还是一个不错的可以接受的结局。

我们首先回顾一下之前提到的观点。人们会快速把外部的信息分配到三个区域中的一个，所有信息涉及他们对世界的认知模式——接受，拒绝，无所谓。这就是为什么要了解一些你打算劝说的人的情况的重要原因。因为在你开始时，你越了解他们的认知模式，就会表现得越有说服力。

如果你提供的主张被说服对象拒绝，你就不是很有说服力。因为对方的拒绝让说服几乎无法进行。另外两个区域会给你更好的机会。外部的信息和观念，会根据一个人的认知地图被分配到不同区域。对方也就清楚，什么能接受，什么不能接受。

如果你希望对方接受你的观点，就需要你花时间进行规划和沟通。对于管理阶层和同事（对于父母或者配偶，一样的道理），他们总是在提出一个自认为可行的方案之后，翘首以盼地期待得到大家的认可，如果对方说：“好的，非常不错。”他们会高兴得手舞足蹈。这样的人，总是生活在一个幻想的世界中。为了让人们接受改变，首先就应该从他们的立场进行思考，理解他们做出改变后会得到什么，或者不改变必定会损失什么。

有时，接收区域的大小很重要

如果某些人的接受区域比较大，那么鼓励他们喜欢某件事，或者至少赞同某件事，就会变得更容易。那么，是什么影响接受区域的大小？这与个人自我认同和自我定位密切相关。一个人的疑虑越多，拒绝区域就会越大，而接受区域相应就会越小。如果一些事情对你来说很重要，你就会花很多时间和精力思考它，并决定自己如何对待和处理这件事情。

相反的，一个人的顾虑越少，接受区域就越大。但如果你的陈述与说服对象的认知水平分歧过大，不管对方的接受区域有多大，对方也无法接受你。如果你直接反对他们现实的认知水平，你的反对就必然引起他们的反对。因此当你试图说服时，应该紧密围绕对方的认知水平来开始。然而，这只是我刚才所讲内容的一个明显例外。如果一个人对你已经有了足够信任，他们就会迅速抛开自己的观点，转而赞同你的说法。这也就是为什么，如果进行说服，建立信任是首要任务。我们怎样才能做到这一点呢？相信我，下一个章节，你将会大开眼界并将受益匪浅。

口才

Eloquence

第六章
信任和协调是沟通的根本

建立信任是重中之重，没有之一

如果别人对你缺少信任，即使拥有再多的技巧，即使得到再多的指导，都不能帮助你增强说服效果。但如果一个人对你有足够的信任，就会很快放弃自己的个人考虑而赞同你提供的建议。建立信任是至关重要的。我们怎么才能做到这一点呢？通过与对方的沟通和协调。

本书中所有的其他技巧和策略，都依赖协调来产生作用。你已经知道了应该协调，但如果你不知道如何有目的地去做，而又必须去做的时候，你似乎就根本做不成。我意识到，说出你已经知道的如何做事的方法，这是一个重要前提。因此，让我们做个测试。你是否至少有一个朋友？如果有，你就知道如何协调。如果没有，你就能发现，在自己的生活中，你已经缺少了什么。本书中的其他技巧和方法，都依赖于有效的交流沟通。你已经知道如何与别人交流沟通，但是如果你不能有目的地和别人交流沟通，这就像最重要的事情一样：你不知道什么时候开始做什么。

协调是非常有力的一个说服工具，现在我们就给这个术语下一个定义。协调，就是在你自己和他人之间减少分歧的手段或方法。换句话说，协调意味着你发出了亲近信号。这就是你在和朋友们分享经验时，主动会做的事情。这也是人们在分享一个观点或者就一个任务达成一致时所要做的事。你肯定已经听说过："物以类聚，人以群分。"在某种程度上，我们都喜欢那些和我们自己相似的人。

基本规则

人与人之间的共同点，总要比不同点多。但是在关于决策和计划的一些事件中，大家不再强调相似性，关注更多的反而是分歧和不同点。结果就是，每个关注分歧的人都以否定对方而结束，没有人能够开心地离去。好吧，本来双方是可以做一个选择的，协调就是这个选择。在这里，说服的一个基本规则就是：没有人愿意和似乎想要反对自己的人合作。

这条规则的关键词是“似乎想要”。你不需要因为别人认定你是和他们不一样的人，而去反对他们。但在人际关系之中，没有一个中间地带。在每一个件事情上，每个人，首要的是寻找和倾听一个问题的答案——“你是不是跟我保持一致？”如果你不和他们保持一致，如果你的立场中立，或者关注自身多于关注他们，你就要冒这样的风险：给人留下了反对他们的印象。因此你要学习这个规则并且要学好。请记住这句话：没有人愿意与任何看上去反对他们的人合作。

我们如何传送亲近的信号，让说服对象知道我们站在他们一边呢？只告诉他们是不够的。亲近信号得以传送，还要通过身体语言、面部表情、声调和语速，必要的讲话方式，以及最后，通过我们的语言。

“表达方式”比“表达内容”更重要

1867 年，阿尔伯特·梅尔贝因博士在加利福尼亚大学洛杉矶分校做了一个相当有趣的研究。他试图了解人们如何从形形色色的信息中做出判断，特别是当涉及情感因素时。他得出的结论是：人们最终结论的 55% 来自于对说话者的举止判断，即说话者看起来想要表达一层什么意思，也就是通过视觉判断；结论的 38% 来自于说话人的语气、语调、音量等等；然而，只有 7% 的信息来自于说话人的词句和讲话内容。也就是说：倾听者做出的结论的 93% 来自于说话者怎么说，而不是说什么。

许多年前我就有个经历，让我对这个观点感触颇深。有一次，我在一家便利店内停留，想喝杯咖啡。这时，我想起了母亲的教导：即使没有特殊原因，也要善待他人。因此走进店内时，我向柜台后的服务生微笑并说早上好。这孩子显然没有受过我母亲的教育，因为我非但没有得到一个作为回应的友好微笑，反而只得到了皱眉和抱怨。

“咖啡在哪里？”我平静地问道。“在那儿！”他大喊，同时指着店内后面的右角。我自我安慰式地想，至少他还告诉了我咖啡在哪里嘛。我走到了商店后面，给自己倒了一些咖啡。接着我四处转转，寻找牛奶、奶酪，或者它们的混合物。但我能发现的只有一个盛植脂奶酪的容器。我承认，我对这玩意儿一点儿都不喜欢，是的，一点儿也不！

“抱歉，”我尽可能地保持礼貌：“我不喜欢植脂奶酪，你呢？”

我本来期望能得到一些认同，但相反，他用一种似乎对我漠不关心的方式说：“我喜欢它。”

我当然很不甘心，就继续说：“那好，这样，你有没有一些能代替乳酪，能让我加到咖啡里的奶制品？”

“没有！”他用一种明确无疑的声调回答道。

我在店内到处寻找，试图发现任何能代替植脂奶酪的东西。当我发现的时候，它就在那里。一台冷却器，靠着收款机，里面有 14 块冰激凌。

“嗯，”我对自己说：“冰激凌会不错的。”我挑出一块来，走向了那个店员。“能不能？”我说：“让我给咖啡加一勺冰激凌？”

他不肯错过任何一次挫败我的机会："不行！"

嗯，事态并不顺利。也许我提出妥协方案，他会从自己的立场上做一点退让。"你说得对，那么半勺怎么样？"我微笑着。

他咆哮起来，随后清晰地吐出每一个单词："我……说……了……不……！！！"

让我们回顾一下。我知道自己想要什么吗？（开始时心中有目标）是的。我再次表现出灵活性了吗？是的，我提出了新的方案，我提出妥协方案。那么这幅画中缺少了什么？奶油分离器！实际上，缺少的元素正是协调。我的行为令服务生很恼火，虽然我自以为自己言辞得体、举止优雅。

这个故事需要一个快乐的结局，我需要尝试一些协调方法。我放下咖啡。为什么？为了减少我们之间的不同（他并没有端一杯），我像他一样抱着胳膊。我把左脚伸得比右脚靠前，就像他一样。我甚至让自己的脸看起来有些像他，虽然这不是什么容易的事情。然后我用一种比他略微少一些侵略性但明显肯定的语气说："你这一天是不是挺辛苦的？"接着不可思议的事情发生了。他转过身，开始解释自己的行为："上夜班的给我留下了一堆垃圾，我必须好好清理。"他耸耸肩膀："喜欢什么味道？"是的，这就是他说的！于是我回答："巧克力豆。"

协调改变一切，你赞同而不是反对他们，就会增加了合作而不是冲突的可能性。

55%——肢体语言和面部表情

让我们从55%开始，这是人际交流中的视觉可见部分。为了我们的目的，我们谈及肢体语言和面部表情。协调显示，如果你的说服对象坐着而你站着，你也应坐下来。如果他们站着而你坐着，你要么应该站起来，要么给你们提供椅子。协调显示，如果他们交叉双腿而你抱着胳膊，你就是在传递一个接近他们的信号。你用不着做你的说服对象正在做的一切事情，但你可以观察他们的身体语言，并做出相应的反馈。

活跃指数不同是这样一个概念：一些人是天生的交际家，十分活跃，善于建立良好的人际关系。例如，有些人说话时会配合手势，但其他人只会用嘴。库克船长使用他的整个身体来强调每一个单词，而无论是听到或说起什么，斯波克先生都会用一边的眉毛参与其中。协调显示如果你的说服对象是一个活跃的交流者，那在你和他的沟通中，你至少得体现出一定的活跃性。如果你的说服对象并非特别活跃而你却是，那你就需要控制自己的行为。毕竟，对那些不活跃的交流者，当他们把注意力集中在观看对方手、胳膊和面部表情的变动时，让他们听清楚对方说什么就相当困难了。

我们的面部表情向倾听者传达着丰富多彩的信息，但是不可避免的是，有些人并没有领会我们的意思，使我们很是失望。

有没有曾向一个人微笑，而对方并没有用微笑回应你的时候？还记得你的反应吗？很可能，你觉得有一些不愉快！“我再也不向他们微笑了！”

有时候你正处于痛苦之中，而有人却站在旁边咧着嘴哈哈大笑？重要的是如果你笑了而别人没有笑，而你想要具备足够的说服力，当你从脸上抹去那种傻瓜般的笑容时，一个亲近信号就传递出来了。如果你的一天过得很不轻松，但你的说服对象并非这样，你至少要解释一下你的举止，这样对方就不会认为你是针对他们的。“抱歉，我今天糟糕透了。”那么，你的严肃凝重的表情，就不会影响其他人听你说话了，因为他们理解你的难处。

38%——语速和音量

聆听者做出结论的38%来自于语速和音量，现在我们来了解其中的奥妙。有些人讲话快，有些人讲话则慢腾腾的。“我不得不重复几次对方才能听懂我说的什么意思。”如果你有这样的想法，你就会发现自己讲快了。如果你不希望答案是“再说一次”，你就不得不降低语速。当你说话的时候，如果人们开始嘀咕，或者悄悄离开了房间，你就知道自己说的时间太长了。说话快的人经常粗鲁地对待说话慢的，因为在前者看来，后者用这么多时间来结束自己的讲话是很没礼貌的。前者甚至会在白纸上写字去帮助后者，这样他们就能尽快重新去做自己的事情了。协调揭示：注意对方说话的语速，然后调整自己的以便于让两者尽量接近，这是很重要的。你必须得像其他人一样讲得那么快或那么慢吗？不用。但你应该减少这种差别，并传递表示亲近的相似信号。

有没有遇到过这种情况，别人距离你很近，却依旧还在高呼：“你好啊！”声音如此大，以至于在回答之前，你不得不把手指塞在耳朵眼，并且嚷道：“耳膜坏了，所以现在不好了。”有没有遇到过这种情况：环境噪杂，而你正费劲儿地从别人的低声细语中听取信息，你大声说：“什么？”他们也足够和蔼地小声地重复一遍。于是你想，他们为什么不能提高声音回答你呢。其实，你需要协调。这意味着，有时你不得不用喃喃细语回话。当你这样做的时候，一件有趣的事发生了。他们就会问你说：“什么，我听不清？”这就是你想协调的暗示。然后他们说：“我知道！在这里我听你说话也是有困难的！”这时他们已经完全了解了自己的问题，并自动地开始提高声音，以便你能听清楚。

这就是协调的力量。协调教给你一种行为学的方法，以增加合作和信任。而所有需要你做的，只是重视与你交流的那个人，并向他们传递一些表达亲近意思的相似信号。这样他们就会知道，你是和他们站在一边的。

在一个人的谈话方式之中，还存在着另一个至关重要并且可以用来促进双方关系的因素。下一个章节，我将会向大家介绍一种模型——需求模型，利用这个模型，你可以和对方建立信任，友好合作。

口才

Eloquence

第七章 深刻了解对方的本质需求

一个人如何组织自己的语言，这本身就给你传达着一个重要的信号，你可以改变自己组织语言的方式，以便于有效地和别人交流沟通。你可以通过观察对方的交流方式知道对方需要什么。

我确信你听说过这个格言："跳出固有的思维模式，发散思维。"这里是我的版本："首先不要陷入固定的思维模式。"在本章中，我将与大家分享一个模型，当一个人与你交流时，可以快速地听取他的实际需要。这不是基于他的个性类型，而是基于他现在的行为。因为行为是不断变化的，为了留意这些变化，你需要不断地关注。

在与别人交流过程中，你可以发现对方的需要，所有的需要可以分为四种模型，即四种需求模型。

四种需求类型

识别一个人的需求类型，你应该迅速地发现他谈论的重点以及他是否很直接地谈论自己内心的东西。有时，人们更多地谈论准备做什么，这意味着他们把精力集中于一个任务，不管是讨论一个创意，做出一个决定，解决一个分歧，还是达成一个目标。我们将把这个称为一个"任务聚焦"。有时，人们更多地谈论他们周围的人物，或者一个特定处境下自己的感觉，我们把这称为一个"人物聚焦"。

一个关注任务比关注人物更多的人，会更多关注任务的最终结果，而不是在处理事情过程中一些细节问题。否则，他们会更关注问题的细节，

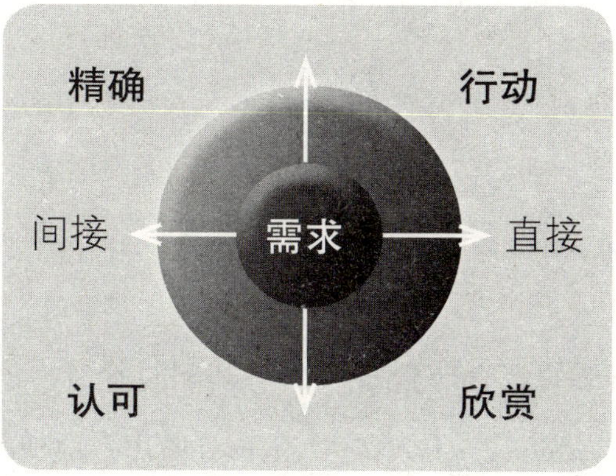

而不是最终结果。通过观察他们谈话的方式，你就能体会到这些。

行动的需要

当一个人关注于事件的最终结果时，他就会有和别人交流的需要。他需要你积极地反应，最好是直接有效地和他讨论他所关心的事情。在与你的交流沟通过程中，他会特别留意你说话的节奏和语速的变动。

精确度需要

当一个人专注于一件事情的细节时，他就会对这件事情信息的精确度有一个明确的需要。在与你的谈话过程中他会非常留意这个情况。

得到别人认可的需要

当一个人关注于其他人的想法以及想说什么的时候，他就会有一个得到别人认可的需要。在与你的谈话交流过程中，他需要听出：你对他的想法和感受同样关注。

得到被人欣赏的需要

当某人更关注他自己、而不是他人的想法和感觉时，他就有一个得到被人欣赏的需要。在与你谈话的过程中，他需要听出你对他的欣赏。

这些需求：行动、精确、认可及欣赏，通过与一个人的交流沟通得到了解。当你注意到它们的时候，你就会在信息中发现它们并且得到满足。

需要行动，那就直截了当

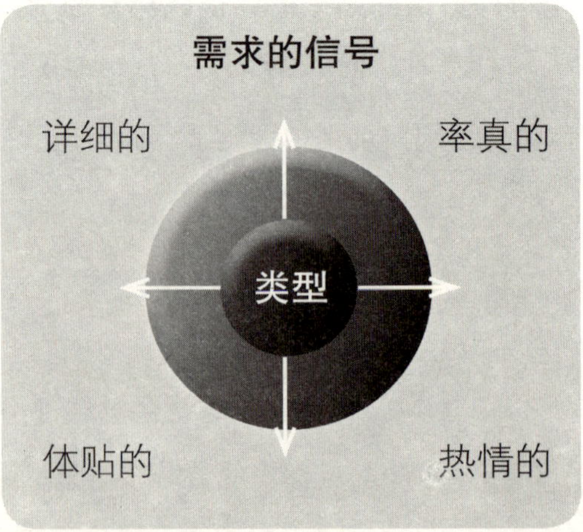

有行动需求的人，会开门见山，直奔主题。因为时机和行动至关重要，不需要多余的客套。“说做就做。”他很可能以一种指挥和命令式的方式说话。经验告诉我们，当一个人说话直接和开门见山时，你也需要用同样的态度应对他。

精确 = 详细说明

做事精益求精的人，在达到目的之前，他们说话委婉，提供详细的信息，并且对时间的把握非常到位。虽然你对他的谈话内容表示疑惑不解，但是最终你却被说服了。“也许，有些结论经不住时间的考验，在得出这样的结论之前，如果你能够考虑到更多的细节和因素，你的道路将会非常顺畅。所以，经过慎重考虑之后我们得出的重要结论，是值得我们付诸努力去实现的。”当你变得注意细节的时候，你的谈话对象很可能会提出很多问题来进一步了解你所谈论的话题。经验证明，当你说话委婉并且注意细节的时候，你的说话对象同样会注意细节，并且愿意和你沟通交流。

要获得别人的认可，你要做的是友好和体贴

想要获得认可的人，会说话婉转，对他人的见解和感受表示关注，并经常审视自己以避免冒犯对方，也会对他人的需求相当敏感，并对他们的时间相当尊重。“这是个好的时机吗？你喜不喜欢我稍后回来？是，还是不是？请告诉我，我会理解。你是否认为我们应该做这个？没关系，打扰你我很抱歉，我将自己独立做这些。”经验表明，当一个人说话婉转并使用体贴的方式时，你也需要用同样的态度与他的沟通。

要获得别人的欣赏，你需要热情对人

需要获得别人的欣赏的人，说话直接并充满热情，使用感叹和私人故事来获取注意和唤起同情，目的是成为大家关注的中心。“我觉得我们应该这样做，我将告诉你们为什么。我已经为这事想了很久，它对我非常重要。而且它同样应该对大家也很重要。因为毕竟，它需要一个时机和一个平台，时机就在眼前，平台就在这里。”而你会疑惑，为什么他们反反复复强调这个，根据我自己的经验，我可以负责任地告诉你，当一个人说话直接并充满热情时，你也要用同样的态度与他的沟通。

一旦你听出了别人说话的用意，就有了对你说服效果的一个方法定位。当应对以行动为中心的沟通时，就直接切入正题。当应对以精确为导向的沟通时，就一步步地来，避免180度大转弯。当与寻求认可者沟通时，要保持关切和耐心，并使用关系语言，如“我们”、“我俩”、“你我”，以及“团队”等等。当应对以欣赏为中心的沟通时，使用答谢和热情的语言，用你的话语创造一种聚光灯效应。

你如何把这些需求运用于自己的说服努力之中？我认为，使用所有四种沟通的需求类型来完善你的说服意向，是一个好办法。接着你就可以为它们中的任何一个做准备。在与我在下一章相会前，现在就做好准备吧。

口才

Eloquence

第八章
倾听是说服的基础

说服的三阶段

我们已经归类了所有有用的定义和假设，探究了每个改变阶段的说服动力，可能的结果和大脑中的三个不同的接受领域，研究了在建立信任中相互协调的力量。同时呢，我们还可以在与一个人的谈话过程中，通过察言观色，来了解谈话者内心的需求。现在，我们将讨论人们谈话内容这一部分，正如前面所说，这一部分只占到人们听懂你意思的7%，其他93%来自于身体语言、面部表情等。

所有的说服互动，不管是教育孩子、陌生拜访、公开演讲，还是训练计划、建议、决定和决议，都要经历三个阶段。首先是倾听，其次是过渡，最后是谈话。因为只有通过倾听，你才能发现为什么有人会关心你的说服诉求。从现在开始，我们将依次讨论每一个阶段。这是我们关于倾听的第一章。

你的人生经历，决定你说话的水平。就像冰山，我们只能看到冰山的极少的一部分，它的大部分都隐藏了起来，所以一个人和你说了什么，你只能了解他的表面意思，要想了解这个人说话的真实含义，你需要对这个人和他讲的话进行深入的了解。

表面结构

深层结构

关于倾听的三个有用假设

1. 当人们谈话时，他们希望被人听到和理解。
2. 事实上，人们总是喜欢听自己说话，即使在他们抱怨或发怒之时。
3. 人们总是被认真听他们说话的人所吸引。

劝说别人最好的一个方式，就是用你的耳朵听他们说。

——迪恩·腊斯克

为了将你的语言瞄准说服对象的可接受能力区域，倾听是一个奇妙的方式，能让你发现什么是自己需要知道的。

关于倾听的三个充分理由

1. 信息就是力量。

2. 除非有人询问他们，大多数人不知道自己在谈些什么。

3. 你可以用提问一些问题，使对方朝你想讨论的话题靠拢。

当你开始讲话时，是否总知道自己的真实意图？你是否曾经疑惑，为什么自己要关心一些事情？你是否曾对一些谈话的发展方向感到惊讶？是否跟有些人在一起时曾感到烦乱，只是因为他所听到的与你讲到的不一致？让我们细心研究，最终会发现倾听是一种非常有用的工具，我们可以通过倾听了解别人，最终说服别人。

恰当地向对方传达信息：我听懂你的意思了

当你刚刚开始听对方说话时，你对对方的想法和态度只能有肤浅的了解，你无法知道对方真正的想法。但聪明的倾听者知道，双方都装出互相理解的样子，这对于理解对方的真实想法是有帮助的。

例如，如果我这样告诉你："我喜欢鱼。"你知道我想表达什么吗？在我没有告诉你更多的信息前，你所能知道的，就是这些特殊的词汇对你、而不是对我意味着什么。这也就是为什么当我说这些"我喜欢鱼"时，你积极倾听的原因。

为了获得更深入的理解，你要表现出自己已经听懂的样子。接着你对我说同样的话，并问关于它们的问题，提问就为说服创造了条件。

当我告诉你我喜欢鱼时，你可以点头，显得自己完全理解，虽然我清楚，你根本不知道我在表达什么。在我谈话时，你可以不时地做出肯定的应答，这样就显得你已经准确地知道我要表达的意思了，尽管我一直都知道，其实你并不清楚我在说什么。你甚至能用我讲的内容来描述自己的情况，这就叫做"回溯法"，也是另一种听起来你似乎完全理解了我谈话内容的方式，即使我知道，你其实根本不清楚我在讲什么。

提问时要显得迷茫

既然当我说“我喜欢鱼”时，你实际上并不知道我想表达什么，现在，你可以考虑什么情况下应该开始显露迷茫。答案就是，无论何时，当你准备提问时，就应该看起来充满困惑。当别人谈话时，你的言谈举止显得你完全理解。当你提问时，就应该让人看上去觉得困惑。但你不希望自己的说服对象被这些问题难住，因此在提问之前，你需要经常回想自己之前说了什么。如果你的目的是劝说，在提问之前，你需要这样做。

如何提问题

在你想摸清对方真正的想法的时候，你需要问什么类型的问题？提出开放式问题是理想的，这需要对方不仅仅只是说个“是”来回应。不要问“你是不是，你去没去过，你是吗，你要吗”，以及一系列只需要回答“对或不对”就能做出反应的封闭式问题。为了了解对方的真正想法，你就要询问那些开放式的问题。而开放式问题通常由“谁”、“什么”、“哪里”和“怎样”开始。（还有“为什么”，但没有“然而”！）

倾听阶段，不要问说服对象“为什么”

在倾听对方的阶段，不要打断对方，不要问说服对象为什么。什么意思呢？是不是在你听不懂对方在讲什么的时候，你不能问一个开放性问题？不是的，原因在这里——大部分人并不真正知道自己讲的是什么。如果你问他们为什么要说这些，就是在困扰他们，他们就会开始搪塞。只有合适的时间和地点，你才能问为什么。

好的，让我们回顾一下基本的倾听策略。首先，看起来你理解（点头），听起来你理解（咕哝着发出类似“是的，嗯，我明白”之类的肯定短语），说起来你也理解（回溯你听过的同一句话，而且不加入新词）。你通过点头、咕哝和“回溯”，以及接着问由什么、谁、哪里、何时及为什么开始的问题，来整合自己的策略。在提问之前一定要“回溯”。这就是你怎样在有限的时间内深入，获得更高质量信息的策略。

最好的倾听是努力接触深层结构的信息，而不是用倾听者自己的思想、语言和理念偏离这些信息。但有时，人们说话逻辑混乱。这个时候，你要试图搞清楚对方要说什么，要获取有效的信息。但搞清楚它是没有意义的，因为你做不到。话是他们说的，比起你来，他们当然更清楚自己说的这些意味着什么。

因此，如果你曾不知道说什么好，因为对于要问什么问题你不清楚，或者你被对方说的或做的某些事分心，或者已经迷失在他们语言的丛林中，这时能深入交流的最快方式，就是坦率地表达出隐藏在你问题背后的真实意图。通过说“请告诉我更多！”你就能做到。话语的深层含义，最好留给那些说过这些话的人解释。不要胡思乱想，但是允许自己感到困惑。不要害怕困惑，通过告诉对方“请告诉我更多”，你会获得足够的信息，了解对方的想法，为以后的说服做最好的准备。

有没有必要总是使用我告诉你的这种方法？当然不是。不能相信教条主义，具体问题，具体分析。任何事情有都有时间和地点的问题，并不是在所有时间和所有地点都需要这样。你知道的越多，就越容易瞄准可接受区域。

用情感倾听

即使不能规劝一个心烦意乱的人，你也能让他变得理智一些。你要看起来、听起来以及谈起来，就好像他们情绪化的表现是合情合理的。你接着问一个问题，然后回溯并继续问另一个问题，直到你掌握了其中的谁、什么、哪里、何时及为什么。为什么要做这个工作？因为当一个人心烦意乱之时，他们的大脑与嘴巴就失去了联系。相反，他们的压力却在说话。通过积极倾听，你影响他们，让他们变得理智并开始说话有条理。当你变得有说服力时，他们也会变得通情达理。

当你怀疑别人隐瞒真相时，如何倾听？

如果对方有一个隐瞒的意向，你最不希望对方做的，就是竭力掩盖它。相反，以我已经推荐过的方式积极倾听，你最终会把这个意向从深层结构中梳理出来。

当你怀疑有人说谎时，如何倾听？

如果你怀疑对方说谎，并大声说出你的疑点，那个说谎的人会努力敷衍以隐瞒这个谎言。像我所描述的那样倾听，说谎者最终将会露馅。他们也不想这样，但是纸是包不住火的。

当你认为这是个坏主意的时候，如何倾听？

当与那些似乎认为自己知道一切的人交往时，用我在本章中已经描述的方法将会特别有作用。如果你告诉某人他的想法不好，仅仅是为了证明他是错的，他对你批评的逆反心理，就几乎确保了他将必须按自己的坏主意行事。

但是，如果你不是反对他，而是看起来、感觉起来和听起来，都让人感觉都是你认为对方说得很有道理，那么你可以接着问一个问题，揭露对方这个理念的问题，就像："你如何为这事付款？""你如何才能做得到？"或者"你怎么知道这样不会让问题更加困难？"这样，你和对方就不会按照这个坏主意去做了。

处理批评时的倾听

你如何对批评做出反应？你喜欢它吗？大部分人不关心它，一点儿也不。你对他人的批评进行回击，这很寻常。对待别人的批评，莎士比亚的名言堪称最好的总结："我认为你无需过多保护自己！"当你反对批评时，你最好让人感觉起来，比你根本什么都不说，更加有内疚感。

另一方面，当你用我在本章中描述过的方式倾听时，你将可能得到的结果有三个。三者中的任何一个，我想都是积极的：

1. 爱挑剔的人，将会意识到，这事确实和你无关。
2. 因为与他人相处，你将了解到一些有价值的东西。

3. 你很开心地摆脱了某事，而对方刚好停止做这个事。

很快，你将学会如何继续深入。在这个时候，你也许会疑惑，“这时会不会有机会，让我提出类似‘你是，你做过，你曾经’这样的封闭式问题？”答案是肯定的。会有这样的机会。我们将在后面讨论封闭问题的运用。现在，去倾听你周围的人都在说什么，并进入比他们所说的表面问题更深的领域。

口才

Eloquence

第九章
了解说服对象的动机

在这一章中，我们将开始一场冒险，它将带我们深入你的说服对象内心活动的领域。然后我将与你分享一个真正的好主意——如果你有学习和使用它的愿望，它会让你的说服力得到迅速的提高。我即将询问然后回答一些关于动机的重要问题。例如，什么是动机？动机是行动的一个激励，一个诱因，或者一个刺激物。换句话说，动机是促使一些人做出一些事来作为回应的任何事情：言语的、生理的或心理上的都可以。

人们为什么要改变自己的意见？是什么让一个人关心一件事超过另一件？他们的动机是什么？你如何能够发现？

认知水平中的动机

对于一个确定的个体人来说，他的认知水平由他们的动机（Motivation）、通路语言（Access Language）和立场（Position）组成。当听他人说话时，你的使命，是深入并发现这个认知水平。在本章中，我们将探究位于说服对象身后的深层认知水平中的三个关键方面之一——动机！

你并不能使他人产生动机，但你可以帮助他们发现自己的动机。你可以在一个深层水平上谈论动机并诱导别人，并且带来变化。动机无论是正向还是反向的，都是关于我们生活中的动作或运动的一切趋势。因此说服对象的内驱力和决心，压抑和约束，这些都是说服对象的动机产生的后果。动机是与环境相关的。它的变化，就像许多我们自己生活的细节一样，依靠我们所处的环境，我们周围的人们，以及我们在那时那刻的最佳选择。

你做或者不做某事的动机，经常可以在对类似“对我来说它意味着什么？”的答案中发现，或者根本就没有答案。这一点对其他人也一样。不管事情本身如何，每个人都会对有利于自己的事情感兴趣。说服的本质，就是让人们去做他们自己想要做，而不是你想让他们做的事情。你必须发现他们真正的需要，这样才能帮助他们理解，你的提议是如何帮助他们得到这些的。也许理解动机的最简单方式，就是将其分成两部分：恐惧与欲望。

恐惧与欲望

一些人因为有欲望，就会在欲望的驱使下采取行动。欲望推动他们前进。当人们描述自己朝着他们的目标，朝着他们的价值观，朝着一个报酬，朝着一个挑战，朝着自我实现，朝着个人价值，以及任何快乐的目标前进时，你都可以听到有关渴望的话语。渴望是一个强烈的驱动力，并有持久的效果。

有时，人们更容易被恐惧而不是渴望所驱动。当他们确实向前时，不过是因为自己想摆脱一些事情。当他们停在原地没有任何行动时，通常是因为他们抵制自己的渴望，以便于避开某些事情，回避问题，躲避后果，远离失败、卑微和痛苦。你可以听到恐惧成为动机，因为人们谈论他们不想要，或者想避开的东西，或者怎样才能尽可能远地离开自己认为不喜欢的一些东西。

不可否认的是，恐惧让我们产生兴趣，并能保持这种兴趣，虽然可能也就保持一会儿。我们人类的神经系统如此发达，我们随时都可以感觉到恐惧和担心，恐惧和担心还可能自动消失。当别人告诉我们，他们为什么而恐惧时，这也能引发我们的兴趣。我们的神经系统通过想要战斗或者逃跑做出反应。这就是为什么使用最古老的诡计进行恐吓，确实就能吓住很多人，这时外人给他们提供一个简单的方案就能消除这种恐惧。

恐惧在短期内，几乎保证能让人们产生兴趣和动机。例如，在连续两个星期领到超速罚单之后，一个司机在路上将会谨慎驾驶，这事很有典型性。但它不能长时期地改掉旧的习惯或行为。恐惧，是没有资格充当一个长时期的改变动力的。

要使用恐惧充当说服的工具，你必须把握好尺度。给说服对象带来的恐惧过小，人们不会有任何兴趣。给说服对象带来的恐惧过大，就会让他们为此超出负荷而筋疲力尽，并让他们失去兴趣，这就形成了一个悖论。即使尺度刚刚好，你也要持续地应用它，以使人们感兴趣。虽然恐惧在动机中占有一个重要位置时，它自身并不能创造出持续的动机。

欲望是一个更加强有力的长期动机。欲望的召唤鼓舞我们前进，促使我们坚持。欲望推动我们走出自我，走入有意义的行为之中。如果你确实知道自己为什么想要做某事，做了它也没什么了不起。如果你知道为什么一些事对你很重要，做一些与之相关的事情是自然反应。而且当你在许多欲望之中加入少许恐惧时，就有了向前进或向后退的坚强动机。

马斯洛的层次理论

大量的研究和模型对人类行为的动机做出了解释。一个广为人知的模型，就是马斯洛的需求层次理论。

根据这个模型，满足我们作为人类的底线要求的，是原始动机。它是生活必需，通过寻找食物、温暖、庇护、睡眠和性，促使我们去照顾自己的身体。当这些需求无法满足之时，其他一切都无关紧要了。

一旦这些需要得到了满足，我们就开始关注安全，使自己免于被伤害。或者通过积聚能量，或者让自己周围有很多朋友，以此来寻求保护和安全。

一旦我们感觉安全，一种想归属于一些权威组织的欲望就出现了。我

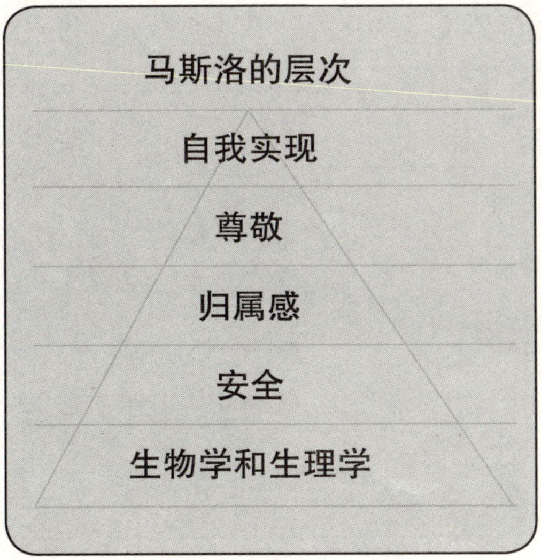

们加入一个团体，成为一个部落中的一员，同他人一起工作和娱乐，目的都是为了共享这种归属感。

一旦我们有了归属感，我们对地位的需求就开始出现。我们承担责任，为赢得他人的尊重和敬意而工作。

一旦生理、安全、归属感和尊敬这些需求都得到了满足，我们就不再为寻找自己在这个世界上的位置而苦苦挣扎。这时我们的需求内转。通过追求快乐和个人成就，我们首先让我们知道自己能够做什么，然后向这个方向努力。

麦克里兰的激励模型

在哈佛任教时，大卫·麦克里兰（David McClelland）提出了另一种模型。他试图研究人们在工作岗位上的各种动机。在其 1988 年出版的《人类动机》（Human Motivation）中，他定义了三种动机需求：成就、权威与归属感。麦克里兰相信我们每个人在工作中，都会展示这三种动机的某种组合。

一个被成就需求所激励的人会试图寻求提升的机会，努力工作去达成有挑战性的目标。这样的人愿意接受并想获得关于自身成功和进步的结果。

麦克里兰的激励模型

成就

权威

归属感

麦克里兰认为，这种动机有产生最佳职场领袖的潜能。除非这些领袖过多地要求他人，并错误地以为，每个人都应该分享这种激励。

那些被权威需求所激励的人，寻找提升影响力、地位和声望的机会。他们有极强的工作能力，承担强有力的责任。他们坚信依靠自己就能坚持到底。麦克里兰相信，对于权威的需求，激励一个人去承担责任。他们的失败，是因为过于执着某种信念，或者缺乏调动他人的技巧。

那些被归属感需求所激励的人，希望被他人喜欢，也确实为此努力工作。这样的人，会被许多人视为理想的合作伙伴，总是能得到很好的口碑，而不喜欢他们的人则很少。他们的失败，是因为需要被喜欢，从而妨碍了决定性的行动。

显然，这些模型存在着区别。也有其他的激励模型。我想有时候，把我们的模型放在一边，仅仅询问一个人："你为什么关心那件事？"也许更有价值。不过我还是鼓励运用模型，这在一定程度上能帮助我们发现说服对象的动机。既然我在哪里都发现不了这样一个模型，我决定去研发一个属于自己的。它以这样的理念为基础：因为欲望或恐惧，我们被激励去接近或者远离目标。我将其称为克什纳的激励模型。

也许这是一个我个人总结的状态变动，但我并不这么想。我将其介绍给你，并不仅仅因为我愿意为你的利益着想，而且事实是，我在其开发上投入了大量的时间、思考和能量，我想你也会真正喜欢它。如果你急切地需要更多信息，你感觉继续进行下去足够安全，并且你认为自己会准备得更好，实现自己的说服潜能会更有价值和希望，你就会爱上这个模型！

克什纳的激励模型

根据克什纳模型，有六种激励模式。每种模式都包含一个接近的方向和远离的方向。这些模式在人们做选择时发挥重要作用。通过说服的艺术，它们给了我们一些杠杆作用。

价值观

有些人在受到激励的情况下采取行动，因为他们相信这是应该做的；或者不采取行动，因为他们确信这不值得做。在当今社会中，道德和政治的问题给了我们考验自己价值的场合，然而价值的冲突同样带来了问题，并且很难达成一致的意见。

试图劝说一个拥有自己独立价值观的人，让他们去支持他们认为“错误”的事情，这几乎是不可能的。价值观也经常是一个重要的社会元素，因为它是一个群体共同遵守的社会规则之一。对劝说者来说，价值观就是绊网[1]，

①既 Tripwire，是 UNIX 下文件系统完整性检查的软件工具，采用的技术核心就是对每个要监控的文件产生一个数字签名，保留下来。

克什纳的激励模型

价值观：正确/错误

报酬：获得/失去

挑战：胜利/失败

尊敬：值得/不值

目标：成就/空虚

其他：欢乐/痛苦

因此要了解一些你的说服对象的价值观，这是非常重要的。

报酬

当能够得到或者失去某些利益之时，有些人受到鼓励或威胁而有所行动。这些动机产生了激励机制，包括竞争、福利和奖金、销售提成和债券红利，等等。

有些报酬是外在的，你发现它们处于自己身外，就像当你给别人一个礼物，或者一些他喜欢的事情时，他们小声发出的赞美。另外一些报酬是内部的（内在），你在自己身上发现了它们，因为人生的旅程就是报酬。报酬必须通过工作得到，因为你总是盼望得到自己想要的报酬，而得不到回报的事情让人厌倦。内在的报酬比起外在的报酬更鼓舞人心。什么都不做的报酬易于增强人们游手好闲的惰性。因此一定要慎重对待你的报酬。

挑战

一些人因成功的机会而热血沸腾，或者因失败的可能而恐惧不已。许多了不起的体育和学术成就的取得，商业楼宇的建设，政治行动和艺术成就的产生，其背后都有这个挑战动机存在。有些人天生喜欢挑战，这也是为什么有人腰缠万贯却喜欢冒着生命危险攀岩的原因。

尊敬

一些人只不过想被别人认为是杰出人物，就竭尽全力想证明这一点。这种动机产生了一种强烈的欲望，要成为什么样的人，要取得什么样的成就，以及要为此获得什么公众称赞。另一些人有强烈的卑微感。这使得他们保护意识过强，他们竭尽全力去避免被挑出来批判。许多家庭问题就根植于这种动机。

尊敬的动机是好名与恶名、声望与耻辱、尊敬与轻视、荣誉与污名互相斗争的领域。获得别人的认可很多时候都充当着动机，希望得到别人尊敬的人通过获得别人的认可而心花怒放。玫琳·凯·艾施（Mary Kay Ash），这位玫琳凯化妆品公司的创始人曾经说过，除了性爱和财富，人们只需要两件事情，那就是认可与赞赏。这句话非常有名。她相信“赞扬使人成功”。想想她建立的商业帝国和与她的品牌有关的粉红凯迪拉克奖，很显然，她充分利用了这个动机。

目标

一些人有自己相信的理由，给他们机会去发现成就，或至少避开自己感觉的空虚。目标动机的存在超越了物质利益，超越了报酬，超越了回馈。目标是一个重要的原因。

我们的社会关系给予了自己生活的目标。我们为孩子工作。我们为社区造福。我们为国家奋斗。我们为了留下传奇，为了在青史留名而努力。对于那些生活中缺乏这些意图的人来说，我们的目标，是要让他们发现生活的意义并填补内心的空虚。人活着，总是需要目标的，总是需要盼头的。

其他

一个伟大的模范带头人，肯定会给他人留下足够的发展空间。如果这个论点是正确的，那么很多人在处理事情过程中的动机似乎可以分为快乐和痛苦两大类。

很多人都希望自己可以追求到快乐和避免痛苦。事实上，追求到快乐和避免痛苦也是两大类动机，不过这两大类动机是置于其他动机之后的。有人则说，快乐和痛苦事实上是人生中仅有的两大激励因素。

我们知道，痛苦可以激励人们去改变自己。我们也知道，对快乐的承诺能够激励人们去做各种他们感兴趣或不感兴趣的事情。我们知道，一些人飞蛾扑火一般为快乐吸引。另一些人则能在痛苦中发现快乐，不管这种痛苦来自别人还是他们自身。

根据你的需要来确定自己的动机

一次同时拥有多种动机，这可能吗？是的，事实上，一个人拥有的动机越多，这个人将会更加积极进取。我把这个动机的层叠称为“堆栈”(Stacking)。层叠的动机堆放在说服力的平台上，有利于主动性的发挥。有一个足够大的堆叠，动机在实践中就是无法阻挡的。

承认你身上的这些动机，其价值在于你能堆叠自己的动机平台，使你几乎能做一切事情，并且能坚持到底。

例如：写书是一个很艰苦的努力。它需要投入惊人数量的时间、能量和精力。为了完成一本书，我放弃了大量陪伴家人的时间，娱乐放松的时间，以及从事其他计划的时间。但我一直鼓励自己，要完成这本书。因为我相信，把这些信息尽可能多地分享给别人，是一件值得去做的事情。这是一个层次。如果我们担心别人的认知水平，害怕他们不能有效地避免错误，不能避免误导性的信息，以至于我们的社会会走向一个极端。如果你担心的是这个，那么这是另一个层次。因此我决定提高强度，更快地完成任务。当我考虑接手这个项目时，我想到这本书对自己的家庭来讲，可以说是一个积极的收入来源，甚至可能是一个胜利结果的丰厚报酬。动机多了，我的决心也变得更强。同时我必须承认，我因为完成了这本书，收获了非常多的尊重。如今对我的努力来说，我的动机堆栈是一个更加强有力的基础。

今天我确信，我人生的目标，我坚持不懈投身于演讲和写作的动机，是做一切我能做的把这个世界变得更加美好，这既是为了世界上的孩子们，也是为了我现在的家人和朋友。我把这一点也加入了我的动机堆栈。在写作一本书的创造性劳动过程中，我享受到了极大的乐趣。它已经进入了我的堆栈之中。我的堆栈已经有许多层。我的动机是强大的。我发挥了本性的力量。我被其驱使从事研究、学习、写作、开发与试验，最终成功。你正在阅读这本书的事实，就是我所说的动机堆栈之力量的一个证据。那么，什么是你的动机堆栈呢?

找到原因

快速地发现别人做事的动机，这将有益于你说服别人，因为知己知彼，百战不殆。并且他人做事的动机一般来说不难找到，世界上不缺少美，只是缺少发现美的眼睛。只要你能将心比心，处在他人的位置上对一件事情深刻思考，你可以很容易地发现别人做事的动机。不过，你怎么能够查明他人的动机?这有时候很明显。只要知道它在哪里，你就能看到和听到它。在大多数时候，人们会告诉你他们的动机。然而，当你对某个人足够了解之后，你知道为什么这个人会按照自己的想法和感觉行事，你知道这个自己为什么可以说服此人，那么这个时候，一定要问他问题，以便于你之后强有力的劝说。

一旦你知道了谁，什么，哪里，什么时间和为什么，为什么问题会变得最有价值?因为它们能帮助你了解动机，而动机是认知水平的组成部分。发现认知水平，给了你需要的、能增加说服力的关键信息。

可以询问以下问题，去了解他人的外在动机。

你喜欢什么?

你为什么喜欢它?

为什么它对你很重要?

询问以下问题，去了解你或者他人的内在动机：

你不喜欢什么?

你为什么不喜欢它?

为什么这对你很重要（或不重要）?

在接下来的两章里，我们将探究个人实际的认知水平中其他两个有力的组成部分：通路语言和立场。

口才

Eloquence

第十章
“怎样说”比“说什么”更关键

任何一个人至少都有五种公认的感官：视觉、听觉、嗅觉、味觉和感觉。对于很多人来说，其中一种感官是用得最多的。有些人更注重他们所看到的，也就是视觉；有些人更注重他们所听到的，也就是所谓的听觉。这些都具有深一步研究的必要。

很高兴为你解释这种情况，感官方面的说服技巧是很强有力一项工具。首先，有一些关于语言的事例，我们可以通过举例来解释此项技巧的一些情况。

我过去曾与一个协会的负责人会谈，这个协会有兴趣雇我担任一个即将开始的项目的发言人。负责人告诉我，这个组织面对的问题，他们难以定位。后来，当描述我的提议项目时，我告诉她，我有一个感觉，我的项目将帮助人们更好地理解这些问题，并且为达成他们权限范围内的可行方案铺平道路。因为我使用了大量的感官词汇，这就能够迅速有效地让他们处于一种稳定的情绪。

我的一位私人客户是个艺术家。一天，我们正在看他画作，他说："我想看看，在哪里我能成为一个更好的丈夫和父亲。但当我想想自己失去的所有机会时，对我来说很明显，我过去是在卖弄自己，而不是给自己的孩子展示一个更好的方式，当我本来应该注意到我妻子的良好意图并帮她注意到我的意图时，我却把与妻子的关系处理得一团糟，做事就像傻瓜一样。"当说到这些时，他的眼光都变暗了。我给他指出了看待这些问题的另一种方式。"不需要这么不开心。从今天开始，前程一定会光明！你已经有了一个生动的想象。既然你在给自己的行为注入强光，能否看到一条清楚地通向新起点的路？”因为使用了有关视线的语言，我就能更容易地帮他看到通往前方的路。

我曾与自己的一个学生交谈。她向我解释，她停止了就自己生活中的挑战与母亲交流的尝试。她说母亲就是不能听她说些什么，总是打断她并东拉西扯，给予别人负面评价，对她进行训话而不是交流。母亲的话是如此伤人，有时当她挂断电话时，耳边仍有嗡嗡响声。我说：“这听起来真可怕！我听明白了，你和母亲的对话，在你的生活中制造了很多不和谐。”我的学生回答：“确实是这样。”“如果有种方式，能让你避开这些噪音，清除这些联系？”“我很想听听。”她回答。因为我使用了声音的语言，她就能听明白我从何开始，我也能建议她走向改善母女关系之路。

既然我们的感官是与外界接触的最初工具，当人们描述他们的经历时，无论是通过说话，还是通过书写，他们都必须利用自己的感官去做这些。一个机敏的说服者会通过察言观色，了解谈话对象的感官偏好，更能深入地体会对方的心理变化，以便恰到好处地说服对方。这是关于光明与黑暗，颜色与色调，形状与外观的语言。你看见我在说什么了吗？声音的语言涉及音量、音调、音高和音质。这个电话铃声你喜欢吗？感觉的语言涉及感动和情绪。你能领会它们的暗示吗？味觉和嗅觉的语言相互紧密联系，因为这是人类神经系统的安排，气味是味觉的一种关键组成部分。气味特别能唤起我们，在于它能很容易触发我们对早期的回忆。使用感官语言能带给你那种成功的甜蜜气味，或者至少传递着可能把事情做好的信息。

我们的感官偏好决定我们使用的感官语言。一个有视觉偏好的人，更有可能使用视觉词汇。一个有听觉偏好的人，更有可能使用涉及听觉的词汇。一个有感觉偏好的人，更有可能使用感动和情绪化的语言讲话。然而，一些人说话更客观，或者更抽象。当这些发生时你可以识别。它需要你自身更多的努力去注意它，因为在字面上看，它是没有意义的。不能纸上谈兵，要在实战中了解事物的真相。

感官语言比抽象语言更能吸引聆听者。当你用图片、声音和感觉搭配你的文字，就触发了听众的感觉，并把他们从当没有意义可讲时，也要求言之有物的努力中解放出来。此时此刻，你要注意周围的人的语言使用以及接受的偏好（有的人偏好使用与听觉有关的语言，有的人偏好使用和视觉有关的语言）。就像其他任何形式的协调一样，你可以使用一个人的优先感官语言，在你和对方的交流过程中，通过在话语中建立对你的信任，增加对方对你说话的兴趣。

当你在聆听别人说话时，如果你想对方做出反应，最简单有效的方法就是使用肢体语言，例如皱眉、点头等。

视觉

我明白你的意思。这看起来可行。你能为我在那件事上投入更多关注（投射更多光芒）吗？黎明慢慢落到我身上（我开始明白了）。不要再让我停留在黑暗（不明白）中！抱歉，今天我的记忆力有一点不好。我看到了可能性的一个完整的光谱（全部的可能性）。这是一个闪光（精彩）的例子。多么明亮（聪明）的创意！

听觉

这是我喜欢（通到我耳朵）的音乐。你的话（电话般）真实可靠。诸如此类（都是爵士乐）。我听你的话，一清二楚（既大声又清晰）。我们可以精心编排这个活动（把这个活动编成管弦乐）。稍微调理（调音）一下我们就开始。我们在完全的融洽（共鸣）中共事。你在排除干扰（清理静电）。感谢你帮助我说服了反对意见（通过了噪音）。

感觉

你能控制（用手抓住）这个吗？不太困难（棘手）？一件容易的事（触感柔软）。我不能确切地说出来（把手指完全放在它上面）。我必须把这个交付给你（用手传给你）。我强烈地感觉到，胜利就在眼前（够得着）。我不想把这个任务交给你（放你身上）。团结起来我们就能完成困难的工作（成为起重机）。这事情难以进展（推进），但我们能够成功（铺平道路）。消除困难（熨平皱纹）。我们将开始这个宣传（打鼓），很快每个人都会参与进来（跳到舞台上）。

嗅觉和味觉

你的味蕾能分辨出四种最基本的味道：咸、苦、甜和酸。而且每一种味道可以用来传递不同的感觉。可口的，美味的。这确实是让你感到满意（甜蜜）的。让我们不要在一个讨厌（酸）的注解上结束。除非有悲惨（苦的）结局，我们不想结束。最后进来的是讨厌的家伙（腐烂的鸡蛋）。无论我们怎样做，它都应该处于可能的最佳状态（味道）。以简单功能（香子兰草）把它传送给我。太乏味？多么精彩（美味）的创意！这有利于思考（这是一道为思考准备的美食）。让我们仔细考虑（咀嚼）这件事。我希望有时间去理解（消化）所说的一切。那接受（下降）得很好。

虽然并没有在以上几种分类中列出，但是有些词汇和短句依然会出现在你的意象之中，例如，教育家和科学家；让我们谨慎；我确信我们可以发展这些；我决心去坚持；我依然对我们能解决这些抱有希望；我是乐观的；我是困惑的；我是宽慰的；这是非常深思熟虑的；这事还没有决定。

我想你已经能够通过和一个人的交流，了解到他使用的语言偏好，了解到他更喜欢使用哪种感官语言，现在你可以游刃有余地使用你所学到的技巧，你能够很轻易地从说服对象的言语中抓住重点，了解对方使用某些词汇所要表达的意思。你学到了这些，就能够很好地驾驭自己的语言，并且可以确保自己说出话后不会招致别人厌烦。下面这个章节，我们将会进一步向你介绍劝说的技巧和方法：关于立场。

口才

Eloquence

第十一章

如何让说服对象改变立场

我们拥有立场，我们相信立场，我们也捍卫自己的立场。大多数人很容易采取某种立场。而且一旦我们采取了某种立场，就倾向于尽可能长时间地坚持。立场就是我们如何掌控自己对周遭世界的理解力。一旦确定了自己的立场，我们就像捍卫城堡一样保护它；我们在其周围修建逻辑的工事和情感的壕沟，如果任何敢于挑战我们的人发起攻击，我们就可以将其打倒。

当两个人或者两个政党采取了某些立场并捍卫它们之时，一个长期消耗战就随之而来了。每个人攻击对方的立场，试图渐渐破坏，或者完全摧毁它。最多，因为失败或被征服的一方被迫屈服或投降，获胜方能取得胜利。显而易见，在试图说服别人时，在涉及到立场问题时采取如上的方法将会非常的不明智。在说服对方的过程中，你不必在意对方的立场正确与否，如果你非要对方同意你认为正确的立场，往往会惹来一场无谓的争吵。

很显然，把别人的立场当作自己的立场，也并非是恰当的解决方案。让说服对象改变才是你要做的，而要对方改变立场，最实际的方案是引入对方对他自己立场的质疑，再构说服对象的意图，或者发现说服对象改变立场之后能够得到的利益，并巧妙地表达出来。当说服对象的立场改变时，说服就发生了。

强立场，弱立场，敌对的立场

立场，像药品和酒水一样，呈现不同的力量：强，弱和敌对的立场。强立场与一个人的认同感相关联，并且有坚定的信念支撑。一个有强立场的人往往喜欢用鲜明的术语来定义它，黑与白，没有灰色地带。有强立场的人，不容易改变他们的观念。一个强立场能够使围绕在其周围的人立场两极分化（你要么同意他要么反对他），因此对于强立场最有可能的反作用，就是捍卫自己的立场以对抗它。

对付强立场有一个更好的方式，我在这里讲一下。立场越是坚定，越容易受到较小因素的影响。任何人意图上的微小变动，都可能产生强大的副作用。就像一个抽积木游戏，如果从你底部抽出即使最小的一块，整个木塔也会轰然倒塌。当一个立场改变了，与之相关的一切也会随之改变，而且可能发生得相当快。暗地破坏那些强立场时要慎重，因为人们面对他们所失去的，容易很快变得困惑和愤怒。更好的选择是帮助他们维持一个强立场。你可以提出一些问题，让说服对象立场中的某些不确定性显露出来，接着重新构造那个方面的意图。这就避免了一个强烈的立场即将崩溃时所带来的愤怒和困惑，同时也可以保护劝说对象，让他们感受到存在感。

另一方面，弱的立场往往被质疑所包围。在准确并迅速地了解到这些质疑以后，这个人往往会在脑海中迅速地形成自己的方案，并且找到解决问题的办法。拥有较弱立场的人在你提出质疑以后，往往已经改变自己的立场，这时候接受别人的劝说就变得十分容易。还有第三种立场，叫敌对立场，它是与你的立场对立的。敌对立场是因你的立场而起作用的。

有些人反对你的观点，因为他们相信，你的立场违背了他们的利益，所以他们认为你是错误的。但是如果你告诉这些人他们的担心是多余的，你根本没有破坏甚至是维护了他们的利益，反而是他们自己的担心破坏了他们利益，这个时候，他们会调整自己，以试图维护自己的利益。有些人反对你的想法，也许是因为他们认为这么做纯属多余，浪费，不值得做。如果你承认做那些多余、浪费和不值之事的价值，接着告诉他们，如果不能按照你的想法去做，将会是浪费、多余和不值的（问一个问题，这个问题的答案在他们自己身上），他们也许就不得不做出调整。

有些人反对你的想法，也许因为他们相信，你的设想注定要失败。首先，你需要承认这种可能性，接着告诉你的说服对象，努力不一定成功，但是不努力肯定要失败（问一个问题，这个问题的答案在他们自己身上），他们也许就不得不做出调整。

有些人反对你的想法，也许是因为他们不清楚你的想法是不是有价值，不知道你的想法到底能不能实现以及如何实现。你首先理解并认可他们的问题，并回答这些问题，他们的反对就会烟消云散。

有些人反对你的观点，也许因为他们感到，他们被遗忘，被你的圈子排除。把他们拉进来并分派一些合适角色，他们的反对也就不复存在了。

还有一些人会反对你的观点，也许因为一个讨厌或不信任他的人赞成这个观点。承认这一点，接着提供证据显示，他们喜欢和信任的人也同样赞成（问一个问题，这个问题的答案在他们自己身上），他们将会做出调整。

在每一种情况下，理解反对中隐藏的动机，将给你需要的信息，以便于使话语更有说服力，并理解对方的这些担忧。

极端反应

敌对一方通过反对另一种立场来增强自身的能量。因此在能够理解他人之前，就强硬地表达自己的立场，很可能就在对方那里引发敌对情绪。但有些敌对立场，却仅仅是某些反对的人无中生有的创造，作为从乌合之众中脱颖而出的一种手段。一个为了反对而反对的人是特立独行的，而他的行为被称作极端反应。对他来说，反对对方是证明自我存在价值的良好方式，能够给予自己重要和具有控制力的感觉。一个特立独行的人对于别人的主动劝说会持有明显的排斥态度。所以如果想说服他们，你需要具备强有力的说服功底，才能使你在说服过程中立于不败之地。

对付特立独行者的关键，首先是注意到这类人的存在，其次是善于利用其极端的特性。你能注意到他的存在，因为其立场完全而明确地和你的立场相敌对。例如，此人宣称，你的想法是“不能操作，过去从来不能，将来也根本不能，一点门儿都没有”。为了利用这种情况，首先你赞同他对你的观点的看法。你可以回答：“你是对的。它不能操作，一点儿也不，怎样都不。”这对他来说，就造成了一个非常不舒服和迷惑的处境。如果你已经赞同他了，他还能怎样反驳你？接着你更进一步，让这个想法的失败成为他的责任。你可以说：“是的，我的这种想法，无论如何都是行不通的。”这几乎确保了对方的反应：“噢，是吗？好吧，你是错的，我这里有如何让它运转的方法！”如果他说：“你都不知道自己在说什么。”你回答：“你是对的。我确实不知道我正在说什么，不过我确信你知道。”接着你暂停一下，目的是让对方感受到你处于非常不舒服的状态。“现在你来解释一下吧，我到底在干什么？”如果他放弃了反对你的立场，从而把自己像障碍物般从你身边移走，你一定不要吃惊。

当人们把自己的信念误认为是真理时，就会产生立场。立场呈现出不同的强度，从强，到弱，到敌对。面对别人的立场你能做什么？你可以问他一些问题，让他对自己的立场开始怀疑。你可以在保持立场的同时，再构其一些不重要的方面。而且因为你能洞察和理解一个立场背后的原因和利益，就可以在提出自己观点的同时，把这些信息考虑进去。并且在与对方的交谈中，很自然地就改变了他们的立场和看法，从而达到了说服对方的目的。

口才

Eloquence

第十二章

打开信息之门

在前面的章节中，我们探讨研究了倾听人谈话的一些简单的技巧，通过倾听你可以深入地了解对方的内心世界。有没有一种方式，能让我们真正深入进去？有没有一种方式，可以让我们发现一个人改变自我观点的动机？有没有一种方式，能判断出对方立场的缺口足够大，能让新信息顺利通过？这对你会有用吗？事实上，这些就是精英级的销售员、精明的管家、优秀的劝说者和聪明的主持人必须掌握的技巧。其实倾听还有更深层次的技巧需要你学习，这些技巧就隐藏在人们描述自我生活的那些话语之中。如果你想学会更多的技巧，那么继续往下面阅读。

在沟通中，有九道信息门。在信息之门外面，你所能看到的只是信息的一些表象，一些表面的东西。只有真正地打开了信息之门，你才能深刻地了解信息地奥妙，真正地把握对方的意思。

这九道信息之门，让人们表达出来的信息模糊不清，妨碍了人们真正要表达的意思，也让倾听者不明白他们在讲述什么。想从这些门的里面（即对方所想表达的真正或者深层的含义）获得信息也会不困难。你只需要识别这些门，就能用使用提问题的方法打开它们。一旦信息之门被打开，你就可以深入了解说服对象真正要表达的是什么，并可能找到问题的解决方案。这也给你提供了如何通过这些门的更多几种选择。你可以自己提供一个反例，并要求对方做出解答。或者可以用一个封闭式问题（即让对方回答是或者不是，对或者不对之类的问题）来过渡，接着用你所了解到的内容，来提出自己的看法。但只有先通过了这些信息之门，了解到对方真正要表达什么，才能继续与对方谈话并尝试着去说服对方。

了解信息之门，打开信息之门的方法其实很简单，就像开出租车一样。布特·米勒，一位纽约的出租车司机，告诉了我成功驾驭出租车的一些基本要素。我觉得他的话非常有道理。首先，你要对这个城市的布局有一个深入的了解，你还需一张精致的地图，当你记不清具体路线的时候可以拿出来参考。你需要知道如何回答乘客的问题，最重要的是，你要知道什么时候向乘客索取乘车路费。

一个仲夏的晚上，布特坐在自己的出租车里，车停在一家迪斯科舞厅外面。一位女士出现了，她坐进了出租的后座，接着就开始无法控制地啜泣起来。

“嗨，大姐，你还好吗？发生了什么事？”布特问。

她回答，不断地咕噜：“没有人关心我。没有人爱我……”她一遍遍地重复这些语句。

布特于是说：“大姐，谁不爱你？”

她停止哭泣，过了一会儿，困惑地看着布特，接着又开始哭泣了，同时脱口而出：“汤姆！”

布特告诉我，这就是问题的力量。在一个特定的问题中，他能够把六百五十万人（这意味着谁也不是）减少到一个人（汤姆）。布特又告诉我，如果一个人说“带我去河边”。他想要知道“明确地说是哪条河？我们有两条河可去”。当有人说“跟着这辆小车”，布特就用同样的语气说：“嗨，朋友，是哪辆车？我们被车包围了！”布特告诉我，开出租，没有什么事情比询问能给你准确答案的问题更重要了。

一个句子从表面上来看，基本上都是忽略了大量个别信息的一般性陈述。因此，每一句话都提供了一扇供你穿越的可行之门。你开始选择自己的门，另一方面，你的方向决定了你从哪个门开始。如果你选择的门提供不了足够的有用信息，你总是会返回并选择另一扇门。然而，这里有一个警告。这一章提出的问题同样可能导致大门猛地关上，并且永远关闭！当你提问时如果不能协调好，这就是将要发生的事情。

当问及别人的问题已经很深入到对方的隐私的时候，你需要小心翼翼。除了加上身体语言和面部表情等，你还能加上自己的步速和时间限制。加快步速，加速。放慢步子，减速。你同样可以注意到一个人是在谈论过去、现在还是将来，相应地调整你的问题。

一定要记住，没有协调，你想要了解的问题，会让对方感觉他们似乎是在被审问！问这些问题时一定要从容，在询问之前要常常回溯。你不需要马上询问全部问题。你也可以在提问的中间暂停。最好一次问一个问题，并且从容大方地提问。牢记这些，接下来就是这些问题之门，以及打开这些信息之门的方法，通过打开这些信息之门，你就能明白对方真正想要表达什么以及对方所处的真实状态，从而找到问题的解决办法，就有可能说服对方了。

第一道门：困惑——缺少发问

当人们感到困惑之时，通常是因为他们不清楚一些基本信息（哪里，什么时候，谁，怎么回事）。在现实生活中，如果你提问别人足够长的问题，对方就很容易进入恍惚状态并表示困惑，因为他们不知道答案。当你问或使用什么（What）、谁（Who）、哪里（Where）及何时（When）提问的时候，对方往往能够回答你的问题。——困惑就是通向新的相互理解的一道门。但你必须穿过这道门。有了正确的答案，你就能成功。

缺失的“W”指的是人（Who）、地方（Where）、事情（What）和时间（When）。当人们表达一个限定性的想法时，如“没人关心”，你可以问：“明确地说，是谁不关心？”或者：“没有人关心什么？”或者：“在哪里他们不关心？”甚至是“什么时候他们不关心？”如果有人这样告诉你“我迷路了”，你可以问：“明确地说，你是在哪里迷路的？”或者：“你迷的是哪条路？”或者“你什么时候迷路的？”如果有人说“我没有足够的”，你可以问：“明确地说，你没有足够的什么？”或者：“时间还是别的？明确说。”

第二道门：迟钝——缺少行动

在沟通中，当一个人不能前进时，可能是因为他不知道如何前进。他们也许知道什么、谁、哪里与何时，但并不知道如何继续进行，他们唯一的行动就是不行动。因此他们停了下来，等着开门。但是，你可以用提问相关问题的方法打开这扇信息之门，并发现通向更宽广道路的大门。

所有的动词都是不明确的，在试图表述一件事情的时候，动词实在不能包含所有的信息要素。

如果有人说：“你骗了我！”你可以问：“我怎么骗你了？”

如果有人告诉你：“你没有听我说！”你可以问：“我怎么样没听你说的？”或者甚至说：“你怎么知道我没有听你说？”

通过和别人交流，你会发现自己在哪些方面做得不合适，以至于让谈话对象认为你欺骗了他，甚至认为你不听他说话，没有尊重他。感谢你通过提问获得的额外信息，你能准确地知道自己不应该做什么和需要做什么，以避免未来可能出现的不良后果。

这里有一个更复杂的例子。

如果有人说：“我已经做了决定。”

你首先可以问：“明确地说，你已经做了什么决定？”然后说：“明确说，你怎样做决定的？”

他回答："我认真地分析了当下的实际情况，并与我的顾问商量，然后得出了结论——这是不可行的。"

你回顾了事情经过，然后问："你分析了什么事实？"或者："你是跟哪个顾问商量的？"接着问："你是如何基于那些事实得出这样的结论的？"或者："在你得出结论的过程中，你是如何决定使用这些事实的？"

注意不能与对方产生争执，仅仅是发现更深层面的信息。

对方回答："似乎很明显，它不可能起作用。"

你问："在哪方面很明显？"或者"它在哪方面不起作用？"

每个答案都能给你更多信息。而且有趣的是，这也给了对方关于他们自己内心思考活动的更多信息。

在某一时刻，使用与对方提供的信息类似的形式或步骤，你可以引入新的信息。"我很好奇，你不想考虑的事实是什么？例如，你到底在想些什么……"接着用提问的方式提供一些新的事实。

第三道门：被卡住——无话可说

当人们感觉自己的话语被卡住，可能是他们忘记了自己的立场和观点。巴基·富勒曾经用这样的短语描述自己："我想自己是个动词。"他认为自己是一个过程，一个就要展开的、即将发生的事实。上帝在《旧约》中用了一个类似的描述："我将成为自己想成为的那样。"经常被后人错误地引用为"我就是我自己"。事实上，这几个单词在希伯来语（《旧约》主要用希伯来语创作完成）中根本就没有。这是一个生成中的力量。但许多人认为自己是名词。他们认为，正是他们的名字，他们的过去，他们的肖像，这些想法限制了他们思维的发散，导致了他们语言的不畅通，更不能天马行空地放开自己的想象。但通过合适的问题，你可以打开这扇门，并驶向新的可能。

名词是一个具体的人、地点或事物。名词是可以触摸的。动词是一个过程单词，描述一个行动。本质上讲，动词不适合归类，但许多名词适合。不过当人们约束自己时，他们经常通过把行动（动词）变成事件（名词）。在“侮辱”、“挫折”或“失败”这些单词中，你能看到动词的影子吗？因为“侮辱”是行为“去侮辱”的一个凝固形式，“挫折”是行为“去挫伤”的一个凝固形式，“失败”是行为“去挫败”的一个凝固形式，单词“生气”是行为“去生气”的一个凝固形式。有些词语可以描述我们所经历的事情，并在我们和我们不希望产生的精神状态之间创造距离。问题的关键在于，当一个理想处于禁锢状态，我们就无法释放它，也就不能够实现这个理想。

你要善于将一个禁锢的思想活跃化，如何激活思想，需要你恰如其分地提出问题。“她是怎样侮辱你的？”“是什么挫伤了你？”“你是如何失败的？”“是什么激怒了你？”

学习如何将思想解救出来的技巧，需要你的创造力。将一些动词凝固成为名词，然后再把它们解冻。例如：将去行动（Act）变成为行动（Action），将去讨论（Discuss）变成为讨论（Discussion），将去支付（Pay）变成为支付（Payment）。一旦你能把一个动词转化成名词也能把名词转化为动词，就能轻易地识别它们的形式，并且知道如何做出正确回应。

这里是一些更多的例子：

禁锢的思维：那不是我的决定。

问题：那你是如何去决定的？

禁锢的思维：应该考虑这些。

问题：那你希望我如何去考虑？

第四道门：阻碍——限制行为

当一些人相信自身存在局限性之后，他们就会有意无意地限制自己的创造力，例如，他们认为一扇门就要锁上了，所以他们就会守候在大门之外。并且他们深信不疑：大门是因为一些非常合理的原因才锁上的。所以只要你问对方合理的问题，就能了解到谈话对方的心理，并且可以把握对方的思想状态。

你应该听说过“行为模式”这个术语，通常运用在刑侦小说和电影中。“这就是他的行为模式。”这个固执的侦探说起这个连续作案者：“他从这位女士的包里偷了钱夹，并在原来的地方放了张纸牌。”

在本书中，M. O. 指的是两种行为模式（Mode of Operation）之一，有限性和可行性。在说服的艺术中，上下文涉及到的特殊行为模式是我们需要关注的，因为一个人体现出的有限性，会引发我们进一步深入的兴趣。有限性行为模式涉及到使用这样一类单词：“能”或“不能”，“应该”或“不应该”，“必要”或“不必要”，以及“不得不”。这些单词暗示，你没有选择的余地。但只要仔细想清楚，你就能欣然同意：有限性行为本身，往往就是个选择。

当一个人说他不能做某事时，为了了解他不能做的原因，你要试图了解此人做某事可能遇到的危险，你可以问：“如果你做了，会发生什么？”为了发现更多妨碍他的行动的障碍，你可以问：“是什么阻止了你的行动？”问法有很多种方式，不拘泥于一种形式。你可以尝试其他的方式，直到如偿所愿地问到自己想要了解的情况。当一个人告诉你他应该做一些事，如果你想发现更多的信息，你可以问：“如果你不做，将可能发生什么？”

当一个人告诉你，他不得不做某事时，你可以问他："如果你没有做，将会发生什么？"这样，你就可以了解到一些可感知的威胁、压力和做事过程中遇到的障碍。

第五道门：抽象——所有或都不

生活中每一件事物，如目标和计划，准则和战略，进程和结果，从其本质上来讲，都是有特殊性的。但是有些人却能从特殊性中找到共性，将特殊事情普通化。这是一种掌握大局的好方法。但是如果这个人为事情的解决提供了太多的可能性，那么每个人都会对事情的情况模糊不清，什么都做不了，任何人任何事都做不了。这个时候，你要询问合适的问题，那么事物的本质就会映入你的眼帘，事情的解决就会轻而易举。为了把看起来完成不可能的事情变成可能，任何人可以做任何的尝试。用生活中的某些通用语言来描述事物，会让事物的某些特殊性呈现出全有或者全无的状态。但人生经验告诉你，生活不是二元的，什么都不是永久的。事实大约是这样的：当一个人使用像每个人、没有人、总是、每件事、从未、任何人之类词语的时候，他就是在总结！在沟通中，当你遇到人们这样描述的时候，你所要做的全部事情，就是寻找这个概括之外的特殊例子。当听到"每个人"或者"没有人"时，你可以问："有没有特别的人？"当听到"总是"或"从不"时，你可以问："什么时候不一样？"如果有人告诉你，这是"从未有任何机会"，你就可以问："就没有特殊的机会吗？"

如果玛丽告诉你："没有人关心我！"那你就说："没有人？确实？没有一个人曾经关心过你，甚至哪怕只有一次？"玛丽可能会继续举出反例。当玛丽告诉你："每个人都知道这是怎么回事。"你可以回答："每个人都知道？世界上每个人每分钟每一秒都知道它总是这样的？这里就没有一个人不知道这些吗？”

当你使用夸张手法时，一定要用你的肢体语言来表示你是支持对方的，并且用简单的问题来探索对方立场的底线。如果你提出的问题稍微有点敏锐，但是只要你把握好度，依然很好。如果对方认为你在嘲笑他或者不喜欢他，那么你就需要向他证明你是充分信任他，并相信他能够向好的方向改变。你要给予他全部的信任？当然，即使一点儿都不信任！

我回忆起我在德克萨斯州参加的一个研讨会。我讲完了关于人际沟通的一些方法后，一位叫珍妮的女士站起来向我挑战说：“这根本不起作用！”她用一个世界级专家一般不容置疑的语气宣布。

“什么不起作用？”我用天真的表情询问。

“全部都没用！”珍妮回答。

“全部都没什么用？”我略施小计问她。

“你给这些天真的公民讲的任何内容都没有用。”

好吧，我自思自忖，尝试了一个不同的办法。“尊敬的女士，你怎么知道它没有作用？”

珍妮回答得很快：“这很明显。”

我不得不问：“对谁明显？”

珍妮用“对任何人都明显”来反击。在那时，我猜自己感觉到了一些防御的味道。

“好，它对我并不明显！”我尝试着说。

“那这是谁给你说的这番话！”珍妮耀武扬威地哼道。我试图说服她，但是她似乎不愿意放弃自己的观点。

“女士，这没有作用？完全没作用？甚至没有一点儿作用？偶尔也不可能起一点儿作用？对任何人在任何时间都不起作用？”

珍妮已经准备好了：“是的！”

我以为这恐怕得有一个糟糕的结局。但我变得灵活了。我使用了两极对立法。“那……好吧，我认为你是对的。它是不起作用。”我停顿了一下：“对你没有作用，一点儿也没有，不管怎样也没有，现在也没有。”但那时我给她留下了一个通路，并使用了时间法则。我说：“我不知道是什么让你得出了这个结论，我很感兴趣，在这个研讨会结束之后，请过来和我交流一下。”于是我接着自己的演讲，好像珍妮赞同我一样。在这一天的最后，珍妮主动接近我，并且道了歉。珍妮告诉我，她在办公室里，和人们的关系不好，并承认自己因此变得愤世嫉俗。接着珍妮请求我给她一些建议，让她可以有所改变！我这样假设：如果珍妮有时间去想这件事情，她还是完全不能接受我的观点。而我的问题在珍妮的思维中打开了一些空间，这就为改变自己留出了余地。

第六道门：责备——找出原因与结果的关系

有时，出了问题人们总是找外部的原因，而不会从自身找原因。自人类诞生以来，他们就已经学会了把责任推卸到外部世界上去。无论何时，只要人们处境不佳时都会使用这个办法。当人们找借口的时候，只要你问对方一个合适的问题，就会让对方发现，他是在推卸责任。通过问题，你就能够让他发现，他所说的原因与结果之间没有必然联系。

人们总喜欢抱怨说，是 X 以某种方法导致了 Y。也就是说，当人们遇到令人讨厌的结果时，总喜欢把原因归结于外在的原因，而不是从自身找原因。“他让我错过了这次机会。”“她让我忘记了自己说的话。”“他不让我停下来。”他们的这种说法听起来似乎有理，事实却往往不是那样。更多时候，我们的错误，是自己选择、感觉和判断出错造成的。因此当有人坚持说是外部不可抗拒的原因迫使他向着某个不情愿的方向发展时，你可以通过询问某些相关的问题来取笑他：X 怎么会在这种情况下导致 Y 呢？例如：

安娜说：“你使我发疯。”它听起来似乎有一些道理。

但现在到了向安娜提出“你明确地告诉我，我是如何让你发疯了？”之类问题的时候了。当询问 X 与 Y 之间的联系时，你得到的回答构成了一个与“让我发疯”的内在联系。

“当我和你说话时你忽视我，这让我发疯。”安娜认为你在她说话时无视她，这种感觉让她发疯。你感到相当无辜，通过问“我用哪种方式忽视了你？”来询问她为什么要使用“忽视”这个动词。

安娜回答：“当我说话时你却在看报纸。”

你问：“因为你说话时我在看报纸，这就意味着我忽视你？”

“是的。”安娜做出了回应。

现在你有了选择。如果你选择，可以把报纸放下，既然你已经知道这对她意味着什么，这事就到此为止了。或者你可以深入到安娜起初的沟通方式，你可以问：“在你和我说话的时候，你希望我怎么做？”

“我希望你能感兴趣。”安娜说。

“怎么感兴趣？”你问。

“对我说的事情感兴趣！”安娜说。

“你怎么样能知道我对你说的事情感兴趣？”你问。

“好吧，当我说话的时候你可以点头，或者问我一些问题。”安娜说——现在你知道在看报纸的同时应该怎样做，才能使安娜不至于感到自己被忽视。是的，你需要点头和提问。

但你同样有其他选择。你可以要求一个反例。“当别人说话的时候你有看东西吗？比如，在餐馆看菜单？或者度假时看书？”

安娜说：“是的，我想我有过。”

“你怎么可能边听人说话边看书呢？”你问。

“是的，”安娜给出了答案：“有时我会同时做很多件事。”

“嗯。”你理解地回应，同时心照不宣地看着安娜。

现在你通过问一个相似的问题，要求对方做出肯定回答。“我能不能也同时做几件事，当我拿着报纸而你在说话，其实我是在听你说呢？”

安娜说：“是的，我想这是可能的。”现在，是时候向安娜产生的这个新的理解表示一些感谢了。

“谢谢你。我很高兴你能更好地理解我，因为我当然很喜欢听你说的！”现在，你可以平静地收起报纸，停止看上面的文章！这是你的选择。

第七道门：理由——隐含的原因与结果

我们做任何事情都有自己的原因（也许说借口更好点）。任何能说出来的原因，听起来都是可信的。即使是一个看起来非常简单的问题，你所给出的原因有时候未必正确。当对方的借口站不住脚时，一道说服之门因此打开，你说服对方就成为了可能。

隐含的原因与某人所说的话密切相关。在这种情况下，一个人暗示无关事件之间的联系。如果 X 是正确的，那么 Y 必然接着发生。或者，如果 X 不正确，那么 Y 将会发生。例如，布兰奇说：“我本来应该在托莱多（美国城市），但我的内衣丢了。”或者说：“我本来应该帮你摆脱麻烦，但是我还有其他事要做。”或者说：“我本来应该帮助你，但我却面临一个截止日期。”这些听起来当然都合情合理，不是吗？如果你要求对方解释所说话之间的联系，你将会经常发现，这些隐含的原因是对方找的借口。

这使我想起了多年前听说过的一个故事。一个人去邻居的农场，要求借绳子。“不，不能借。”这个农夫说。

“谁不让你借绳子给我？”邻居问。

“我正准备用它拴奶牛呢。”农夫回答。注意到这个隐含原因的模式了吗？如果他不打算拴奶牛，就会把绳子借给邻居。邻居要求说明联系。

“绑你的奶牛？是什么原因，你需要拴自己的奶牛？”

“我没有目的，”农夫说：“但当一个人不想做某些事时，什么都可以成为原因！”这就是在陈述中如何加入隐含原因的例子。

要求对方说明原因，也许会为自己创造一些新机会，或者至少为我们展示其他机会存在的可能性。当布兰奇说：“我将为你做那些，但我现在很忙。”

你可以说：“你都忙些什么？”接着跟随他的理由：“你忙那些事，是怎么妨碍你帮我做这些呢？”

如果布兰奇回答：“我本来应该在托莱多，但我把内衣丢了。”

你可以问：“你丢失内衣的事，如何阻碍你待在托莱多？”答案也许会让你吃惊，或者让你厌恶。重要的是，这个联系将不再被掩饰。它要么将变得清晰，例如布兰奇说“因为没有内衣，我在旅行中会不舒服”；或者他将理所当然地让你崩溃地说：“我就是不知道。”

第八道门：投射——读心术

当某人鄙视另一个人身上的某种缺点的时候，往往能够发现自己身上也有这种缺点，这令他们很吃惊。但有时，这些缺点非常让人厌恶，而且难以改变，人们不愿意承认，于是干脆忽视它，并把这些缺点投射到他人身上，而不是改掉自己的缺点，因为这样做要容易得多。询问合适的问题，你就会得到出更多真诚的反馈，带领你走出对方的拒绝，走向一个刚刚开放的改变之门。

任何时候，一个人声称自己知道另一个人的内心状态，却没有询问或告诉对方，这很可能就是他们在使用读心术。当然，这肯定不是真的在读心，只是他们知道他人在想什么。对于这个世界上发生的事情，人们总以为自己比实际上知道得更多。如果你花足够时间观察别人，我想你会同意我的这个看法：人人都是不合格的读心者！读心是困难的，而改变思维却相对容易。我所说的到此为止。实际上，很多人对自己真实的思维情况都是一知半解，更不用说完全搞清楚别人在想什么了。

当有人声称知道他人的内心状态时，你可以这样提问："你是如何知道的？"值得你去发问的句子大概是这样一个情况："他们不关心我。""他不尊重我的权威。""你不理解我。""她从来没听说过一句话！"这些陈述都非常适合发问。

当戴维说："他们不关心我。"

你可以问："你怎么知道他们不关心你？"这个答案会提供一个感觉暗示的信息，他们也明白这个意图。

当戴维说："他们甚至不知道我还活着。"

你可以问："你怎么知道他们甚至不知道你还活着？"

戴维回答："因为当我进来的时候，他们并不向我微笑。"这是一个人的感觉暗示。他们认为：没有微笑，他们一定不关心自己。

当戴维说："你没听我说过一句话。"

你可以答复："你怎么知道我没有听你说过一句话呢？"最后一个例子的好处在于，你不用反驳他们，就已经展示了他们陈述观点的对立面。你只问了一个问题，就证明你已经听了对方说的每一句话，至少听了一部分！

我有一个咨询客户，叫伊莱扎，在其公司主管亨利的办公室后面的格子间工作。每天伊莱扎都要路过亨利的办公室，微笑并问好："嗨，亨利。"亨利冷漠地看着他，并且用一种低沉和让人不快的语气说："好，伊莱扎。"亨利接着就转过身去忙自己的工作。日复一日，伊莱扎在试图表现友好。

但一天又一天，她得到的回应都完全相同。最终伊莱扎决定放弃：“他讨厌我。”一旦她做了这个决定，就开始寻找证据——当然，她总是能找得到（这种做法是很自然的！）。当她告诉我，她不得不为亨利工作，在这样一个不受人欢迎甚至敌对的环境中工作，她感到十分的吃力和困难。我开始好奇了。我问了一些像“以什么方式敌对”，“谁敌对谁”，以及“你怎么知道”的问题。接着我要求她举出反例，能说明亨利举止的其他方式。在我们讨论的最后她承认，对亨利如何看待自己，以及他的行为意味什么，她完全不清楚。我教给她如何与别人有效地沟通，然后鼓励她去尝试着和亨利谈谈。

第二天，当经过亨利的办公室时，她做了另一种尝试。“嗨，亨利。”她欢快地说。“好，伊莱扎。”得到的回应是僵硬的。她想：“我不知道他为什么总是这样令人讨厌！”但就在这时她明白了。她正尝试着读懂亨利的心思，她其实并不知道他的行为意味着什么。

因此她走进了他的办公室，四处看看，并在他的桌子上看到了一张马的照片。

她指着照片说：“亨利，这是你的马？”他抬头看着她，似乎是第一次注意她，然后微笑了。这是一个不可思议的微笑，不管怎样还算是微笑。“是的，这是我女儿的马！”他站起来，把胳膊放在肩头，让她坐在椅子上。“我告诉你，我女儿凭借这匹马赢得了许多勋章……”接着他谈起了这些比赛。他说了这么多，让她相当震惊。奇怪的是，他的声音依然是很生硬、低沉和令人不快的。这证明了，他的嗓音刚好就是那样。亨利说话听起来生硬，其实那并不代表什么。

第九道门：优先——生活中的规则

你需要自己的规则，来玩生活的游戏。但是，如果你将自己的想法强加到别人身上，难免会失望。轻视别人对你没什么好处，损人不利己。爬上高台，宣布这个世界是你的，让全世界的人都听从你的指挥，这种方法是行不通的。通过熟悉这个世界的规则，并且充分利用这个世界的规则，才能让明天比今天更美好。处处为你的劝说对象着想，让他们更容易获得成功，并且通过提出合理的问题让他们从困境之中走出来。这样，就可以通过第九道门来帮助他们，让他们发现和完善自己的个性。人各有志，每个人都会有不同的选择。在我们的生活中，每个人都会有自己的规则，也就是习惯，只有这样，生活才会有意思。例如，我的周四晚上是这样度过的：穿上自己的超人彩色服装，去看科幻电影。我可以读一本书或者弹吉它。我可以披散头发。除此之外，我什么也不做。也许你会问为什么。其实没有为什么，我就是喜欢这样做，这是我个人的习惯。

但是，如果我把这个规则应用到所有其他人，又会怎样呢？要是我应用到你身上会发生什么？“不，你不能出去。这是周四夜！周四夜是有限制的！”这似乎像些许高压手段。毕竟，我没有权力限制你。因此，按你自己的规则生活是一回事，要求他人按你的个人规则生活就完全是另外一回事了。当一个人把自己的个人规则应用到别人的行为习惯之中时，就形成了被称为“生活独裁”的信息之门。

用规则管理你的个人生活，这没有一点问题。规则使获胜、成功、克服障碍和实现成就等都成为可能。有时候，我会很天真地想象：如果大多数人只是按照自己的规则生活；如果他们的生活和他们的人生价值观融合得非常好；如果父母亲身体力行，以身作则地教育自己的子女；如果老师在教导学生的时候循循善诱，动之以情晓之以理，而不是强制性地将自己的理论强加到学生身上；如果政治家和国家领导人以身作则，而不是颐指气使地指挥人民大众。如果这些想象都是真的，这个世界将是非常美好的。我可以随意地想象，但是只是想象而已，因为这个世界上充满了具有各种不同习惯、各种不同个人规则的人，我不能强迫他们听从于我，因为这样做的结果必定是悲剧人生。

当别人告诉你他们的生活方式时，你有自己的选择。最基本的理念，就是发现规则的来源。如果告诉你，制定规则的人可以拥有这个规则，你就已经获利了。如果这个规则来源不明，就其本身而言就会站不住脚。

如果马克对你讲话的方式有很大的意见，他对你说："和蔼的人从来不用那种方式讲话！"

你可以问："你从哪里知道，和蔼的人从来不用那种方式讲话？"

马克告诉你："你不应该不按顺序讲话。"

你的好奇心就能促使你去问："明确地说，什么时候是我的顺序？"你也可以问："我不能不按顺序讲话？根据什么？你在哪里学到这个的？"

在最坏的情况下，这答案将会是某种普遍性，马克可能回答："每个人都知道，我们都是这么做的。"

那你马上就可以应用："每个人都知道？难道他们一定就要遵守这种规矩吗？"

说到这里，你将可以体会到很多的乐趣，特别是在你质疑很明显的错误的时候。同时，你也可以继续破丝剥茧地分析，也许你可以获得更深层次的信息。

使用九门的问题

好的，是时候像布特一样开动出租车，为各位提供一个生动的、有血有肉的交流范例，以便于让大家更好地理解本章内容。准备好了吗？我们开始吧。

场景是：丹娜是所在公司的一位的区域主管，负责公司零售渠道的多个店铺。她希望自己的一个店长 J. R. 重新找一个代理去雇承包商来做建筑维护，因为她的分析显示，J. R. 给这个代理的付费太高，而且远远得不到一个合理的结果。但丹娜刚刚上任，当她把想法告诉 J. R. 时，他不乐意了。

他：这里归我管，丹娜。我必须按自己的方式工作。我很抱歉，这不能有其他选择。

她：什么特殊原因让你必须按自己的方式做事？

他：我必须按自己的方式进行建筑维护。

她：我很好奇，什么是你自己的建筑维护方式？

他：我雇承包商，所以我就得让他们来决定成本。

她：所以你雇了承包商，并让他们做了成本决定，这有意思。你说你必须按自己的方式行事，请帮我理解，如果你用另一种方式做了，会发生什么？

他：（防御地）我对这个决定负责。如果什么地方出问题了，我承担责任。

她：J. R.，我欣赏你不希望任何事变坏的态度。我也一样不希望。你能告诉我一些事吗？你在哪里雇的承包商？

他：我使用了一个在线雇佣系统。

她：你在哪里听说这个系统的？

他：每个人都说他们是最好的。

她：嗯，每个人？是吗？谁说他们是最好的？

他：好的，米欧告诉了我他们的情况，他以前用过。他认为他们是这个行业最好的。

她：你怎么知道米欧认为他们是行业中最好的？

他：如果他们不是最好的，他也不可能推荐。

她：你怎么知道如果这家不是最好的，米欧就不可能推荐？

他：那好，为什么他偏偏推荐了他们？

她：这是个好问题。我想知道你是否曾从好心人哪里得到过糟糕的行车线路？

他：我不知道你想表达什么。

她：就像当你开车时，虽然人们想帮你，但他们并不真正了解自己在说什么。

他：嗯。是的，好吧，我接受你所说的话。

她：不管怎样，米欧是怎么知道这个在线雇佣系统的？

他：我不清楚。

她：米欧熟悉其他任何代理公司吗？比如，他知不知道哈里斯代理？

他：我确实不知道他是否了解。我只是认为，如果这个公司不好，他也不可能推荐的。

她：他相信他认为是好的。也许你能帮他一个忙。你怎么考虑他这个想法？让我们跟米欧聊聊，看看他对哈里斯代理的服务和价格是怎么评价的？

他：这……这不是必需的，这是我的决定。我可以试试你的方法，我看它是怎么解决问题的。感谢你让我注意到这个问题。

她：感谢你的变通。我一个月后再来。希望能看见你控制了形势。

让我们尝试另一个场景，这次是一个丈夫和他的妻子。他接纳了一个可预见的争吵，并将其变成了一个说服的机会。

她：你不再关心我了。

他：哦，哼！我不再关心你了，真的吗？我在哪些方面不再关心你了？

她：我的感受。

他：我不在意你的感受？听到这个我很遗憾。你的什么感受我不关心？

她：你从来没说过什么好听的话，你从来没做过什么让我开心的事，你从来就不认真对待我。

他：哇，从来没有？我从来就没有说过或做过让你开心的，一件也没有，一次也没有，甚至，一点点也没有？

她：对啦，几乎从来没有。而且当你这么做时，不过是因为你想得到些什么。

他：你怎么知道那是因为我想得到什么？

她：我能看出来。

他：你能看出来。你是怎么看出来的？

她：你懂的。你看我的方式，那很明显。

他：我看你的方式怎么就告诉你我想要从你那得到什么？

她：你的表情就像恶做剧。

他：有没有任何一个时间，当我有那样的表情时，我并没有想从你那里得到什么？

她：没有。

他：从来没有？你就不能想起有片刻时间，当我有那样的表情时，我却并不想从你那得到什么？

她：好吧，我想当你想逗我笑时，你也会有那样表情的。

他：当我想逗你笑时，你就认为，这意味着我想要从你那里得到什么了？

她：不是。（笑了）

他：如果我不想从你那里得到什么，你怎么能知道？

她：我不知道。我没法知道。

他：当我确实想要什么时，我会怎么告诉你？那么，如果我不告诉你，你恐怕就认为我什么都不想要！

她：我想这似乎有道理。

他：我那样让你高兴，只是因为我关心你啊。

她：是的，对，那样会让我开心。

他：宝贝，请注意我准备告诉你的。我现在什么都不想问你要。但我想给你一些东西。我想让你知道，我爱你，没有一点点问题。

她：呀，这可真太甜蜜了。过来。我这有个吻想送给你！

他：如果你坚持要这么做，我准备接受！

口才

Eloquence

第十三章 如何搭建“沟通的桥梁”

每个劝说过程包括了三个阶段。第一阶段是与说服对象信任的建立和信息的整合。第二阶段是过渡，这时你完成了倾听，并开始向劝说转变。在第三阶段，你提出自己的说服意向。

但你如何知道自己已经完成了第一阶段，应该准备第二阶段了？你不明白，所以只好猜测。

有时，无论对你还是你试图说服的对象，一个阶段的结束都会有时间限制的。有时，一个阶段的结束与否，由所处的位置来决定。当你还在电梯里，而你的说服对象已经到达他的楼层并离开电梯。或者你在一个繁忙的走廊中，看到人们朝你这边走来。同样有时，在我们为最佳情形准备的方案中，你到达了第一阶段的目标，你已经足够了解你的说服对象，这使你能顺利地进行自己的说服。

过渡：一个关键时刻

过渡阶段是说服过程中最短的一个阶段，却是以后的所有事情依赖的一个关键时段，你要足够地重视这个阶段。

过渡阶段的目的，是总结你所获取的信息，为说服的下一个阶段做准备。你在过渡阶段所做的总结给了你一个机会，让你很顺利地去完成第三个阶段的内容。首先，它给你了一个途径，让你可以向说服对象保证，你已经听到和理解了他的要求。其次，它给了你一个机会去强调自己的信息，这就使得说服对象了解了你说话的内容，这也就增加了被你劝说成功的可能性。第三，这个过渡给你了一个机会，在真正开始说服之前，“告诉他们你将要给他们讲什么”。

过渡在你所知道的和必须要说的内容之间建立了一座桥梁。为了搭建这座桥，你应该在开始的时候就将这个桥梁搭建在被说服对象所能认知的范围之内。这就是为什么一个过渡的第一部分，必须与你所听到的建立联系。你可以这样说：“因为你已经告诉过我”，及“根据我们已经讨论过的”，“既然认知地图信息（对你，对我们，对团队，为了我们的项目）是如此的重要”，还有“根据你前面所说的”，这些都是为搭建沟通桥梁做准备。

接下来，你要通过搭建的桥梁与对方沟通交流。现在，你就可以开始了。

征求许可

“我能不能告诉你一个方式，让我们能……（简短描述一下理想的结果）？”如果你选择要求对方同意，那在开始之前，就要确信自己能得到对方的许可。这是一个需要反馈的问题，因此涉及到你的说服对象。征求许可的过渡手段告诉人们，他们之所以愿意去听你说些什么，是因为你重视、承认和欣赏他们。一旦有人给了你许可，意味着你可以进行说服了。征求许可确实起作用，如果你经过别人的允许而讲述，相比没有经过别人允许而讲述，注定让你的接受对象更容易接受。

征求许可，几乎对每个人都有效。特别是，它对那些有认可和欣赏的交流需要者，更加有效。你可以改变直率的程度，或者用谨慎和关注的语气保守地说，或者充满热情地陈述，这些都取决于你从说服对象那里了解到了什么。你或者可以用谨慎和关注的语气来要求，仅仅是要求。

许可同样会让你的说服对象对一些事情去肯定，而对说服来讲，几乎肯定总是一个好的开始。事实上，征求许可是如此有力的方法，在第三步陈述中，你可以继续征求。“我能描述一下提议的好处吗？”“我能给你一个证明吗？”“我能给你一个示例吗？”征求说服对象的许可是一个有力的说服手段，因为它来自你的说服对象，并且意味着他们同意倾听你在说什么。

这里是一个征求认可的典型应用，伴随着一个滑稽的反应。有人对你说：“我能问你个问题吗？”你回答：“可以啊”。他们于是说：“问完这个之后，我还能问你另一个问题吗？”

确实，如果你想彻底清楚你接下来要问的问题的答案，在你问问题之前，征求提问的许可是一个美妙的方式。当你确实提出问题时，会让他们真正认真思考自己的答案。你是足智多谋的，想得到一个回应，而这让你的说服对象在精神上必须做好准备，不管你提的问题是什么，他们都要回答。这样你就得到了对方的关注，所以你一定要把握好。

提供简要总结

“……我想告诉你关于……（提供一个你理想结果的简要总结）”

当你的说服需要很短时间内完成时，这样做很有效。因为这样做可以有效地把握住重点，所以这种交流非常有必要，因为只有这样你才能更好地采取行动，达到自己的目的。

一次一步

“……我想和你一起讨论一个想法……（对于理想结果的简要总结）”这样说为讨论提供了机会，其暗示就是，你的提议是一个进行中的工作，有一些细节正在完善。当向你的说服对象提出一个理念，或者当你与别人做生意，需要精准沟通之时，这种轻微的间接方法会很有效。它放大了这样一个事实：人们更倾向于接受一个他们自己认同的理念。

如果你注意到，无论什么情况下，你的说服对象都没能和你达成一致。这种情况下，在进入第二阶段之前暂停片刻，好好地整理第一阶段的信息，尤其是在第一阶段遗漏的信息。但是你没有必要向对方诉说你的建议，你要做的是准备好一个精彩的开场白。把前面提到的和将要讲述的话语有机地结合在一起，这样你就会在第一阶段和第二阶段有一个平稳的过渡，以便能更好的地说服对方。

引人深思的陈述

是什么让人们发现引人深思的问题？——一个似是而非的悖论或对现存范例的挑战，很快就会让你达到目的。

“如果你不关心自己的成绩，就不要对我将要说的给予关注。”

“当情况变得艰难时，艰难的情况就开始了。”

“如果这里有一件事是我知道的，那就是你不能对一切想当然。”

发人深思的陈述总是不好理解，至少当你首次听到的时候是这样。这也是它们让你思考的原因。忍受那些让你怀疑或者对你的提议反应冷淡的人，是一件很不起的事情。陈述一件事情的目的是让倾听者在感到厌烦之前，去吸引他们的注意力。用一个发人深思的陈述来打破僵局，随后讲述一些重要观点，吸引对方去思考，这样你就将为说服的艺术创造一个新的机会。

你也可以使用幽默来唤起思考。当前，总有大量机智和发人深思的创意在流传。

“精神错乱的定义，就是反反复复、来来回回地做同一件事，并盼望出现不同的结果。这也就是为什么最近很多人的行为看起来很不正常，像疯了一样。”

“如果轻易放弃的人从来不会赢，获胜者从来不放弃，那么是谁提出‘赚钱之后要放弃’？”

“如果工作真这么伟大，为什么我们要给做工作的人付报酬？”

“如果你试图失败却成功，你都做了些什么？”

发人深思的问题都不容易回答。但它们让你的思考更加理性。请记住：如果你是用此次这般的开场白，你要说的下一件事，就应该非常有道理。你的说服对象会对此表示感谢，因为这使得他们有一个摆脱悖论的方法，给了他们一个保住脸面的方式，并且还能让他们看起来准确了解你的意思。

需要得到肯定

与希望得到许可一样，很多人希望得到肯定。如果你确定可以得到你所劝说之人的肯定，至少是某些观点的肯定，你可以以陈述的方式将自己的想法说出来。这样你就可以顺利地过渡到下一阶段。

就在前两天，有个朋友就碰上了这种事。一个信用卡公司找他谈他的信用卡上的可疑操作。最后发现，我朋友的消费是被重复记录了——他消费了 100 美元，被记录了两次，他为此得归还 200 美元。这已经是三个月内第三次发生这样的事情了。我朋友说：“你希望我携带你的信用卡，对吗？”

业务员说：“是的。”

“那你知道吗，带你的卡，要求我有信用，在需要时能够刷你的卡，对吗？”

“是的，先生，当然……”

“那你明白，当你没有正当的理由，就给一张信用卡加上了安全保证，这样当持卡人旅游和经商的时候，就会浪费他们的时间和金钱，并对他们的生意造成损害，是这样吗？”

“是的，当然。”

这时我朋友结束了过渡阶段，直奔主题。他开始这样说：“我很高兴你能理解，因为我希望你找到一个好办法来保护我的卡免于被欺骗，同时避免不必要的拖延。”结果是：他们找到了一个中间立场的解决方案，目的是既保护他作为消费者的利益，又维护发卡公司在防止欺诈方面的权益。

假设你是一位公司的领导，你对另一位领导说：“你是否注意到，我们的雇员有好的想法和建议，却不告诉咱们呢？”如果你想得到的答复是肯定的，那么对方对你的观点表示赞同将是一个良好的开端，一个谈话良好的开端。

“你们多少人，遇到过让你们无法容忍的人？”我在我的“与无法让你容忍的相处”演讲课上提问。通常很多人都举手。是的，人们来参加这个培训，因为他们认为，有些人使自己疯狂！

“你能想到两个人吗？”不少只手依然举了起来。“你能想到自己生活中三个或更多有问题的人吗？”他们的手举得更高。不良人物的问题亟待解决。如果你与某个行为不良的人有难以相处的问题，就不想知道如何解决它吗？

促销人员往往擅长于说服对方，也就是善于建立所谓的“同意模型”。一些内容我们将在下面的章节中详细探究，但同意模型的主旨在于，每次有一个人说是，所以无论下次说什么，都会有人对你保持赞同。如果你说服别人的开始就使你获得了足够的动力，那么你后续的说服工作会变得非常容易实现。

简短的故事

让我给你讲一个和你差不多的一个人的故事，他克服了种种困难，并且改变了这个世界。

故事中的人物都很普通，都是像你我一样的普通人。从他们的经历中，我们可以学习到一些经验教训。你要相信，讲故事的威力是无穷的，你可以通过讲故事传递智慧甚至传授自己的人生感悟，这也是传递基本知识的一种手段，现在的教育就是一个鲜明的例子。别人的故事给我们一种启示，让我们通过故事识别以及适应周边的环境，并且在适应的过程中给自己一些安全感。只要故事是关于人的哪怕是关于动物的，都能给我们以启迪。因为我们会在关注故事的过程中投入自己的感情。

我想起了一个故事。

“生活就像一碗鸡汤。”当一个有名的教师躺在床上奄奄一息之时，他如是说。他的学生们从方圆几百英里处赶来。他们耐心地排成一排，其中最聪明的站在前方，最迟钝的站在后方，都希望在老师永远离开之前，倾听他最后的话语。这个队伍从老师家里延伸出去，环绕着屋子并沿街伸出去了一英里远。老师说的每一句话，都会通过学生从队头传到队尾，因为每个老师都希望听到老师在说什么。因此，这个新的教义：“生活就像一碗鸡汤”成功地沿着队伍传递到了后面，当听到这些话时，每个学生都点点头，似乎他们都完全理解了。但当这句话传递到队列中最后一个学生时，他挠挠自己的脑袋，对这个新的教义感到困惑甚至神秘。最后，他不得不要求站在他前面的学生解释一下。“生活就像一碗鸡汤吗？”

但站在他前面的学生并不能告诉他这句话的含义，所以按顺序将问题向前传过去。最终，问题成功地从队列的最后面传到了最前面，在这里，那个最聪明的学生俯下身来，平静地请教老师这个问题。"噢，尊敬的老师，学生愚钝，理解不了你说的话的意思。为什么生活就像一碗鸡汤？"老师长时间地深思这个问题，接着，用最大的努力，示意弟子走上前来，听他用最后的力气做出的解答。"好的，"他耸耸肩："生活不像一碗鸡汤！"然后他就去世了。

邻人证明

邻人证明就是用其他人的话或者事例来证明此事的正确性，邻人证明是简短的、个人化的案例，用来推销一种理念、产品或者服务。邻人证明的最好结果是创造一个参考，大家都按照这个参考来行事。邻人证明的最坏结果是：提出来一个设想，但是大家都做不到。

最近，有一个推销员试图推销他的产品给我。他给我举了五个例子，一个比一个让人吃惊，都是关于产品如何如何好，如何如何改变了很多人的生活，如何如何创造了大量的财富并且避免了一些社会问题的发生。刚开始，我耐心地听他讲。但是等他说得越来越多，我对他的信任却越来越少，因为他说得太玄乎了，明显是在欺骗我。直到最后，推销员说的每一句话我都不再相信。很显然，如果他说的产品真有那么好的话，我早就应该听说了。

重点在于，告诉我东西不错，然后列举事例证明你的观点，好过这种情况：说一番大话说东西十分十分好，然后再证明自己的观点。如果你有其他人的事例拿来分享，这当然很好，但是如果事情说起来太假，那将适得其反。

不要让我误解。我并不否认生活中会有让人惊讶的东西。也许你所说的很多事例都是真实的。大千世界无奇不有，所以在生活中经历令人吃惊的事情并不奇怪。但是如果你向你的客户过分地夸张产品的效果，你的客户就会像我一样，不相信你的产品有效，将来也不会相信。

中肯的引述或格言

本杰明·富兰克林说过：“想要说服别人，利益比智慧更具说服力。”

我认为他理解得恰到好处。一个引述，就是一段别人说过的话，你引用它用来强调自己提议的某个特殊方面。你选用的引述或格言必须与你的主题相关，并且具备足够的吸引力。这些引述和格言能为你的话语增加权威。权威从哪里来的？来自于你的格言是谁说的。如果你希望他把权威授权给你，唯一需要做的就是让你的引述准确精练。你甚至可以引述自己说过的！“就像我常说的，改变你的情绪，改变你的生活，改变你的世界。”一个无名小卒的引述如果足够引人注目，完全有可能获得权威般的待遇，前提是：此人说的这一番话特别有意思，重要到足以被人们反复引述的程度。

在一本通常被命名为《格言》的书中，希波克拉底①写道：“生活短暂，艺术长久，机会转瞬即逝，实验充满危险，论证非常困难。”他是第一个使用“格言”这个名词的人。格言就是对一个重要原则的简短表达，你力图将之运用于自己的表达之中。格言之所以著名，是因为它在简短的语句中包含了大量信息，是一个个短语、俏皮话或悖论的巧妙变形。我曾听说过，一段格言更像是一个运动包，而不是一个皮箱。你可以方便地将其放入自己思维的行李架当中。格言通常能让大家的表达变得更加直接明了，但不可否认的是，有些格言也会让事情变得很是糟糕。

你可以用一句格言来过渡，接着用自己的陈述，从中总结出深刻含义。

---

①生活在公元前 5 世纪的古希腊名医，被尊称为“医药之父”。——译者注。

“时间可以治愈一切的伤口，时间也可以毁掉一切。所以千真万确，我们的竞争对手通过争取我们的客户群，来达到削弱我们的目的。但如果我们让自己适应改变了的环境，我们就能获得优势，而他们将最终丧失一切获得的利益。”

“一个协会就是一个黑暗的小巷，所有的创意在这里都会被扼杀。让我们试试用这种方法代替。”

让我们复习：你可以运用一个引证：

“H.G. 威尔斯写道，文明就是一场灾难与教育之间的竞争。”

“据马克·吐温所说，不是你不知道的事情让你陷入麻烦，而是你确实能知道的事情不会让你陷入麻烦。”

“当尤吉·贝拉警告说：‘如果你不知道自己要去哪里，就应当小心，因为你可能到不了那里。’他算是说到了点子。”

或者你可以使用一个熟悉的谚语：

“时间的每一秒钟都是独一无二的。”

“与其诅咒黑暗，不如点起蜡烛。”

“即使一个停走的钟，一天也能有两次是准确的。”

于是，这些谚语为向我们下一种过渡类型转变，提供了一个很好的过渡方式。

鼓舞人心或令人恐惧的比较

“我们可以改变世界,或者被世界改变。”比较是一种非常好的方式——本来一件事情很艰难，可以通过比较，让这件事情变得让说服对象觉得非常容易处理，从而鼓舞了人心。当然，你也可以通过比较，一件本来很简单的事情，让你的说服对象觉得难以处理，从而令他感到恐惧。在下一章，我们将谈论更多关于比较的话题，它们如何起作用，为什么能起作用。但我只想说，当使用比较作为一种说服工具时，通过将之与某些重要或不重要的事情相比较，你就有机会强调一个重要的理念。但并不是任何比较都能起作用。为了追求与众不同的结果，你可以给出一个鼓舞人心或者令人沮丧的比较。

给出一个令人鼓舞的比较，会让你的说服对象意识到：如果采取行动，现在糟糕的境遇就会得到改观。给出一个令人沮丧的比较，会告诉你的说服对象：除非采取行动，要不然现在的境遇会变得很糟糕。在两种情形下，在结束比较时，你可以再次强调自己的观点。否则，你会让说服对象困惑得直挠头皮，因为不是所有的比较都有创造改变的效果。

历史透视法

“一年之前，公司创始人站在我们面前，并激励我们做得更好。今天，我可以开心地宣布，我们已经圆满成功了。”

很久以前，媒体通过历史的追溯来报道新闻。他们为报道提供足够多的背景知识，帮助新闻的关注者对新闻有一个更好的理解。不幸的是，现在这种做法已经被淘汰了。

几个月之前，我读到一篇文章，讲述的是一个研究声明，服用抗氧化剂保健品可能会提高 5% 的死亡几率。这个研究结果发表在《美国医学协会学报》上，这是一家声名卓著的医学刊物，代表着现代医学的权威。因此这个报告出现在了大到国家电视台新闻小到我家当地报纸在内的几乎所有媒体的报道中。一个众所周知的事实是，越来越多的消费者选择用保健品丰富自己的食物，希望增强健康并避免在年老之时用药物和手术来对付疾病。这篇文章没有提及的是，人们更多地选择保健品，这可能导致保健品会在医疗市场上成为药品的直接竞争者。这份学报从药品广告中得到了可观的收入，而并不能从保健品广告中得到实在的收入。我认为，如果这份学报或者媒体将研究放入医疗现状的大环境内看，将会是很有意思的事情。毕竟，一个公共利益科学中心关于《美国医学协会学报》的评论文章揭示，11.3%的学报文章与公众利益有不公开的冲突。

我也发现自己在困惑，如果你的日常食物中没有足够的抗氧化剂，你的死亡概率会怎么样？或者就此而言，对待健康问题，如果你选择了看医生而不是服用保健品，你的死亡几率百分比恰好是增加还是减少？但这类问题是不能回答的。而且不管是关于抗氧化剂的研究报告，还是这个研究本身都没有提及：在美国，因为医疗事故导致的死亡，是患者最主要的死因。同样没有被提及的，凡是一切帖上标签的事情，都有增加你死亡可能性的潜力。在家吃饭都可能要了你的命！一旦我们给它贴上了标签，就可以通过研究证明它。外出吃饭也是致命的，不吃饭同样可以要你的命！服药能让你归天，不服药也能让你病故！呀，这是不是意味着，真正增加你死亡几率的就是这些研究呢？当然不是。

但是对一个报告来说，只要包含健康以及人类寿命的讨论，都会在社会引起些许的涟漪。通过这些研究，有些观点就变得非常据有说服力。在上述报道引起的效应中，保健品似乎比普通的东西都要致命。然而，其他的一些研究又表明，上述报道的对立面是正确的，也就是保健品对人体是有益的。总之，一言难尽。

当你试图使用历史大背景讨论一件事情的时候，你总会选择一个特定的时期作为背景。你可以使用历史背景来说明一个历史问题，来强调一件事物的发展轨迹，甚至可以归纳一种处理问题方法的正确性。每种情况下，历史的追溯都会为你的说服对象展示一幅历史画卷，并且带给他足够多的信息，使得说服对象在了解足够多的信息之后对你的话语具有恰如其分的理解。使用历史追溯的模式，甚至是现代的一些模式，我们可以说：我们现在的工作做出改变，我们将能够预测未来的航向。当你做好充分准备之后，我们将会介绍更多的理论。

现在轮到你了

我建议你抽一些时间，为你的说服准备一些话题。这是我所知道的学习这些的最佳方式，在经过第一阶段，你知道自己能够做什么之后，这是为在第二阶段使用它们做准备的最好方式。

当你从倾听向说服过渡时，这就是我必须告诉你的，如何去说的全部内容。剩下要说的与你的说服主旨有关，而我的假设是，你对于它所了解的，比我能做的更多！在下面的几章中，为了追求最大的冲击力和说服力，我将为你提供一些关于如何组织自己提议和如何强调自己陈述的强大得足以惊人的理念。因此只要你一旦准备好继续阅读下去，就等着大吃一惊吧。

口才

Eloquence

第十四章

如何组织说服的主题

纸面和口头文章的区别在于，当写下它时，你的说服对象会到处查看、展望、追溯，基本上会记录下它们是什么，以及会怎么发展。当你和别人说话时，他们必须能够跟随你，同时记住你已经说过的一些内容。不过既然对许多人来说，思考都是很费神的事情，除非你的语言组织得很好，能帮助你的说服对象记忆，否则他们会迷失在你的话语中。

这里就牵涉到说服话题在什么时候切入的问题。如果围绕你的主题来组织自己的语言，这个主题就成为了主要的谈论话题，这个主题帮助你的说服对象记录下你说话的内容，并了解自己的过去和未来，以及未来在哪里。

有许多方式能为言语说服组织信息。我准备与你分享自己特别喜爱的十种方式。

时间线

如果你通过回顾历史的方法来开始你的说服之旅，你可以使用时间线主题来组织整个陈述。时间线给了你一个方向，让你领着说服对象从你选择的过去时点，穿过眼前的时光，来到一个因为你的说服意向产生的时刻。然后让他观察、倾听和判断，似乎历史呈现在了他的眼前。这个准则是简单的。“这是它过去的状态。这是它现在的情况。这是如果你听从我的建议，它未来能怎么样，会怎么样。”一个时间线主题使你可以把一切连接起来：过去和现在，过去和未来，现在和未来。时间线能帮助你确定先前的行为和选择的后果，同时也能帮你确定潜在的行为和选择的后果。时间线允许你为改变说服对象创造条件。

问题与决绝方案

人们有一个很自然的心理趋势，就是用问题与对策的模式（比如你计划 5 年内买房需要花 20 万美元，那么你就得做出相应的对策）来处理生活中的各种事情，在商业经营上同样如此。问题与对策模式显示问题的深度和后果，并把你的解决方案与问题的最终答案联系起来——你的解决方案是每年积累 4 万美元，5 年积累下 20 万美元。这个和你的问题，即 5 年时间买套 20 万美元的房子相对应。

然而，不管问题多么糟糕，或者你的说服对象对问题多么无意识，你都要努力解决好自己强调的重点问题。

应对挑战

假设你处在这样的形势：人们对一个特殊问题感到非常棘手，以至于他们中的一些人，也许他们的全部，都已经永远放弃了解决它的念头。这种情况往往发生在一个特殊情况持续恶化的情况下。当人们过于密切关注一个问题，而不是关注如何寻找对策时，这种情况也会发生。但不管怎样，当它确实发生时，人们就绝望了。在这样的形势下，谈论一个问题及如何解决它，就不太可能具有说服力。

但是不要绝望，在这个地方发现挑战所在。当你发现了挑战你的问题之后，你的言语自然而然地就会和生死存亡、成败荣辱联系在一起。通过你的激情四射的一番言论，对方能够接受你的观点并积极地应对挑战，甚至可能把面临的挑战转化为一个激动人心的奋斗机会。你可以旁征博引，来保证你的演说效果令人满意。

丘吉尔使用这个主题去坚定他的国民面对艰苦战争的决心。约翰·F.肯尼迪、罗伯特·肯尼迪和马丁·路德·金牧师用其动员全民的身心，无论老少。纳尔逊·曼德拉用其改变一个分裂的国家，而罗纳德·里根则用它来提醒可能性的力量。布道者使用它，老师使用它，骇客兵团①使用它，当然，你也可以使用它。

你可以表演作诗："让我们勇敢地投入战斗，并总是寻找更好的办法。从一个海岸到另一个海岸，从一座城市到另一座城市，他们谁都不能让我们停下来！"

你可以给事物赋予人格。"这个过时的电话系统威胁我们，要把公司毁掉。它想毁了我们。它永远不可能得逞！"

你可以使用修辞性疑问句。"我们对自己的服务不自信吗？当我们把智慧集中到一起，我们难道不能做成任何事情吗？在过去，我们从来没有克服过看来无法逾越的困难吗？我说是！你会说什么？

你可以重复一个关键短语来强调自己的主张。"我们是独一无二的，我们是最棒的！"

将上述内容组合在一起，你可以用你的妙语连珠团结所有的成员，并使他们准备做好反应！他们也许会说："我们绝对不会默默地走向黑暗，不经过斗争，我们绝对不放弃。我们将永远不放弃。永远不认输。胜利必将属于我们！"

当然，对待困难慢慢地处理就行，不用采取极端的手段。

应对挑战时，需要人们全身心地投入时间，更需要人们不仅投入思考，

①骇客兵团（Mystery Men），1999年上映的美国电影。

而且付出心灵。并允许你创造一个聚焦点，它在事实上能给人们带来最美好的结果，并让你的提议得以实现。

“既要为未来的子孙保护我们的环境，又要保持经济活力和发展，这确实是我们面对的一个重要挑战。事实上，很多事情都依赖于我们能否成功地应对这个挑战。当然我们能够应对。我们可以完成重要的工作，必需的工作。我们将比自己的目标做得更好。我们能证明自己的智慧。我们能把这个计划变成自己的计划，并必然走向胜利。”

机遇

我曾经听说，在中国的汉语中，有一种解释危机这个词的说法是“风险越大，机会越大”。因此机遇往往会与附加的风险相伴。风险越大，潜在的收益也越高。

如果你运用围绕机遇进行说服的主题，你要揭示，通过采纳或实施你的想法，对方能够得到什么；或者因为错过已经出现的机会，将会失去什么。

每个机会，都有让明天好于昨天的作用。如果你的建议，让对方发现确实是一个好机会，做最少的事情就能得到最大的收益，你会发现对方就能欣然接受。另一方面，如果这个机会收益不太理想工作量却很大，你的说服对象可能不感兴趣。

美国国会控制权发生变动时，往往是因为几个政府候选人成功地使用了自己的控制力。“这次选举给了大家一个机会，可以终止我的对手和他的密友们曾经的滥用权力，这是让我们可以从当权者的错误中吸取教训的一个机会，在不远的将来，我们就能结束这种痛苦，并防止类似的荒唐事情再次发生。”

特性与益处

宣传自己的特性和主题，是商业推销中经常使用的，这些推销员经常说："我的产品是具备某种特性的，使用它，你可以得到某种好处。在这里为之做出解释。它是可靠而真实的，它在某些重要的方面发挥作用。特性证明了思维的逻辑，它们建立在事实的基础上。"

通过描述你要推销的事物，你告诉说服对象，你的产品的特性与好处是什么，它是如何起作用的。好处对人们有吸引力——这些特性和好处能够让人们的生活变得更好，让团队变得更强大，让公司变得更兴旺，让人们的关系变得更亲密。换句话说，你就是要告诉人们，他们为什么应当关心你的产品，使用这些产品，能够给他们带来什么好处。

大部分人都基于情绪做决定，并使用逻辑来证明自己决策的合理性（当我们在本书后面谈及一致性信号时，你会更明显地体会到这一点）。因此对大多数人来说，当你试图去维护说服对象的利益并赢得他们的支持时，你的言语应该最大程度地吸引他们的注意力。你说出你的理念和你产品的特性，然后很巧妙地推销给对方，在推销的过程中最好突出推销对象的利益。

成功沟通的诀窍，是从对方的视角考虑问题，而不是总纠结于那些对自己有益的事情。有多少人能全方位理解你的说服提议呢，你需要明白一个初学者的心态。要承认对于你的提议，你的说服对象和你相比了解得实在太少，并且要考虑他们能在你的提议中，有什么他们会觉得有吸引力的好处。

特性与好处的主题能在产品和服务中很好地运用。不过，在有关创意和行动的无形领域中运用这个主题，同样是可行的。你可以描述一切事情的特性与好处，包括人与理念。例如，一个求职者可以用以下方式展示自己的特质："我有一个过去升职的记录表，我的个性非常正直，现在我已经掌握了应征岗位要求的一切必备技能，我对工作热情，并能够有创造力地思考。"

问题的关键在于，你要把这些特质转化为自己的优势。

"我的这些特质对贵公司来说，意味着我始终如一、可以依赖。我的经验和知识对于公司的实际需要非常合适，我有能力应对突发情况。在一个更大的团队和部门中，我也会与其他优秀员工很好相处，很好合作。我总是能够发现新的、更好的做事方式，同时不增加公司的运作成本。"

举例

当有些事情很复杂，你又完全没有兴趣时，你如何应对，并将其转变为与你的说服对象相关的事宜呢？你可以通过讲故事，虚构一个人出来。无论真实与否，通过你虚构的故事，你说出你的想法，以及你所想要的和你希望的一种状况。在你的故事中，你可以暗示说服对象：如果采用了我的建议，你将会拥有一个好的结果。这样，你就可以很顺利地说服对方。长期以来，通过寓言来教学都是一个受推崇的方法。有些故事的说服力足够强，以至于可以流传千年。你的举例唯一需要的，就是持续足够长时间，以便让你的说服对象有一个做决定的时间。

"我与你的一个选民交谈。他告诉我，一个涉及用水的冲突，已经让农民们进退两难。在他们能够耕作的地方，他们的土地却只能休耕。当应该学习科学知识和生存技巧的时候，孩子们却在看电视。他请我提醒您的注意，因为他希望您知道，这种形势是让他无法忍受的，他做到了，你呢？"

人们对故事感兴趣。因为当你使用一个故事来举例说明你的提议时，你不仅有一个获得和保持兴趣的方式，还能运用这个故事，来达到你的说服目的。

回答问题

当你已经确信，你的说服对象对你的建议有疑问时，主动提出并回答这些问题，就可以迅速消除对方的怀疑。你也可以请求对方提出问题，并从对方的问题中了解到对方的利益需求，你通过这些，来组织接下来要说的话。如果是前者，把这些问题写在任何人都能看到的地方，或至少在每个人都能看到时将其写下，并在回答这些问题时将它们做记号。如果是后者，你可以通过在一个特定时间提出和回答一个问题开始，或者连续提出几个问题。

举例来说，“你也许会疑惑，我们将如何改变自己的饮食？我们应该如何改变自己的文化，使其更加实用和友好？谁来打头阵？谁能迅速把任务与现实情况联系起来？这些都是重要的问题，我也打算回答它们。”接着你依次回答每个问题，最后总结你的问题。

你所要讨论的主题还给你提供了机会：直接面对自己的恐惧和担心，更加有效地解决自身的一些问题。好的倾听会让你得到一些这类信息。但猜想同样可能是有用的。问问你自己，我的提议如果很有可能引发怀疑、恐惧与不确定，那会怎样？如何处理这些疑惑？他们恐惧的是什么？这些不确定的原因是什么？围绕着这些可能被问到的问题，组织你的语言，并且极具说服力地给出你的答案。

例如，你的提议是，通过绿色环保措施，寻找公司废弃物的最终用途，确定再生资源的多种用途，以及开发能源替代产品来增加效率减少成本，你的公司就能够节约可观的资金并提升品牌影响力。你可以很安全地设想，会有许多关于如果上述一切付诸实施之后将会遇到的问题。尽自己所能，来预测一下你的听众可能思考的问题。问问自己，如果第一次听到这些，我会有哪些疑问？随后就在你自己的演讲中提出并回答这些问题。将心比心地思考，你的谈话会非常成功。

免疫

当知道一些人准备攻击自己时，你就不要等别人攻击你之后才有所行动。先下手为强，要在别人攻击你之前，用免疫策略来保护自己——你告诉听众，别人有可能的指控会是什么，或者你的反对者已经说了什么，别人有可能持什么异议。你的反对者有可能要说的，或者作为对你提议的回应，已经说出来的是什么。紧接着你要告诉那些愿意听你讲话的观众：当他们听到这些指责时，你希望他们听的是什么。当这些异议被提出时，你希望你的说服对象怎么想，以及当反对者出面时，你希望你的说服对象能记住什么。但一定记住，你的免疫要弱于即将到来的攻击，要适度。

记住，你要保持友善，不需要回击。如果你攻击别人的话，你这种在早期微弱的自我保护会刺激你的说服对象，他们稍后对于你的提议会有强烈的抵触情绪。运用这种方式，你可以更加有效地掌控自己的语言。

模型

模型是把错综复杂的事情归结为简单理念的一个构造。模型不一定真实，但是要确保它们能起到一定的作用。无论何时，当你听到“做某些事有四种方式，或者有三种可能的结果，或者有五种别的东西”，你就是听说了一个模型。无论何时，某人给你展示了一个有四只角的正方体，一个有三个边的三角形，或者一套五彩石，你都是在看模型。

比如我们将人格分为九种类型，中国古代把世界的元素分为五种，金木水火土，这些都是很典型的模型。

模型起作用，因为它们能够从混乱中创造秩序。模型是可以认识的。如果它们起作用，就是有效的。

组件

组件是用来干什么的？是多个部分整合在一起，实现了一个完整的统一。当你要给说服对象介绍的想法、产品或服务多于一个时，就可以对自己提议的每一组件运用不同的主题。你可以使用一个时间线主题来完善你的提议，接着改用一个模型主题来提出它。你也可以用一个特性与好处主题开始，接着转到问题主题的一个答案，并以一个模型结束。或者你也可以从免疫主题开始，以故事主题结束。

重大的挑战是，从一个组件到下一个之间创造过渡。在你准备使用这个主题时，确定哪种是最吸引人和最有趣的顺序。接着在每一个组件中发现一些有杠杆作用，你可以用来介绍下一个组件的事物。在你陈述的最后，用一个回顾把所有的组件聚集起来。

口才

Eloquence

第十五章 如何表达让说服更有力

我们继续探索，研究如何用一种有说服力的方式讲话。这里有八种发送向导，帮助你的劝说技艺更上一层楼。

简洁法则

要真诚。要简洁。要坚定。

——富兰克林·罗斯福

我的脑海中浮现了一个案例。你在驾车的过程中，是不是受到过某些人的指导？在指导过程中，反而是因为指导者的丰富经验，导致你陷入方向感的迷失之中？“沿着这条路开到第一个红灯处，你会在左边看到一家便利店。继续开。前面会有另一个红灯，接着是一个停车标志，前面有家音像店。继续开。”你是不是有冲着他喊的冲动：请你不要说了，我可以把车开好。为了更具说服力，你要尽量保持简洁。

简约而不复杂，用最少的话表达最全面的信息，而不要罗嗦。

你去保健品店，销售员告诉你：有一种非常可口的保健品，每天服用两次，就可以供给所需要的所有的营养。与此同时，你没有再服用维他命丸的需要，因为这种饮品几乎完全溶于水，不用经过你的消化系统，就能被细胞直接吸收。你感兴趣吗？

你是否关心这种产品的分子大小和溶解度？我想你肯定不关心这些。

你是否需要知道，它的花费还不如你日常饮用的浓咖啡？如果你有兴趣知道更多，你会提问，但现在并未提问。你是否关心这家公司的成长史？你当然不会关心。你是否需要一个清单，上面标注着可以从这种营养品中受益的每一个人体器官？你肯定也不需要。对于这些信息，你听说的越多，就越不关心。

但是，这就是大多数人开始谈话时会发生的情况。他们一遍又一遍地，用每一句话来强调，某个东西多么有魔力。不料却让听众失去了兴趣。这才是问题的关键。说话的要点越简单，越具有说服力。

两个相对部分的对比

人类思维采用对比去分辨形状、大小、颜色和深度。而两部分对比的杠杆作用放大了这种心理趋势，让信息凸显而不是消失。阴阳；上下；年老年轻；他们我们；不要问你的国家能为你做什么，而要问你为国家做了什么；存在还是死亡；这个国家有两套税收体系，一套是为聪明人准备的，另一套为无知者准备的。

《神秘人》电影中，讲述的是超级英雄 Wannabes。这部电影有一个强大的演员阵容，精彩的剧本和吸引人的角色。其中的一个角色使用了两面对比作为一种语言风格。他名叫斯芬克斯，其超强能量是，他相当神秘。他说的每一个件事，都采用了两个相对部分的对比。通过劝告绝望的 Wannabe 们“像一个狼群，不要像六个逃兵”，他帮助他们成为了一个团队。通过建议他们“学习我的教学方法，我一定首先教你们如何学习”，帮助他们成长。他警告他们：“为了更好地打击对手隐藏的目标，你要隐藏自己的打击意图。”非常滑稽，但相当有效！

我已经使用两面对比的说服方法，帮助无数人们改变那些坏的习惯，例如吸烟、暴食和自我放纵。我给他们出了两个主意，都很具有诱惑力。

一个是悲观论，强调现在和未来都不可改变，只能承受糟糕的现状；另一个是乐观论，强调命运就在自己手中，只要你努力奋斗，一切都可以得到改观。这样做，比起只谈论负面结果，或者只描述正面结果，都要更加有效。通过比较这两个方面，你将创造一个反差鲜明的强调重点，这是非常有说服力的。通过介绍这两条时间线，我创造两个协作的改变力量。我能够帮助人们用一些方法上的有效引导，创造一个有吸引力的未来，也能够帮助他们用打击的方法，创造一个令人恐惧的未来。不用吃惊，只要你认真努力，未来可以被你改变。我想这也恰好就是H.G.韦尔斯①在写下“文明是教育和灾难之间的一场竞赛”时，希望为我们所有人创造的。两种未来，一个选择。你会选哪一个？

三分律

就说服而言，有三种方式去促成：你自己做，雇一些人去帮你，或禁止你的孩子去这么做。这就是三分律的一个例子。三分律要能运行需要一些条件。也许因为三个一组能让我们记住细节。也许因为三个一组能加强概念。或者也许因为三个一组能把信息组织成有意义的模型。

考虑下面的三个一组。时间由过去（已死），未来（想象中的）和现在（马上）构成。每个故事，以至每场说服型演讲，都有一个开始，中间和结束。专业演讲家会告诉你一些事情，然后再告诉你一些事情。科学试验以假想开始，然后反复地实验，最后以得出结果而告终。西蒙·弗洛伊德说到本我、

①赫·乔·韦尔斯（1866—1946），英国作家，曾在赫胥黎的实验室工作，后转入新闻工作，从事科学和文学的研究，是英国费边社的成员。著有《时间机器》、《隐身人》等多部科幻小说以及《世界史纲》 等历史读物。

自我和超我。《圣经》则讲到信念、希望和宽容。《独立宣言》依赖的价值标准是生命、自由和对幸福的追求。用以保护这些价值的是一个民有、民享和民治的政府。

三分法允许你建立一个期望，确认这个期望，接着实现它。毕竟，画一条直线仅需要两个点。直线是有方向的。方向建立一个期望。亮出你的观点。用另一个同类型的观点确认它。接着转向同类型的第三个观点，它就变得让人难忘。第一个观点引出一个创意，第二个观点确认它，而第三个观点则证明它。最引人注目的辩论，最让人难忘的口号，最有意义的创意，都运用这个规则提出。三分律容易遵循，容易记忆，也容易按部就班地操作。

对喜剧演员来说，三分律是一个受欢迎的表演方式，他们会以一个相似但并不相同的方式应用它。第一个笑话带来一个趋势，第二个笑话确认这个趋势，而第三个笑话完全推翻它！例如：我妻子喜欢我大笑。我女儿喜欢我微笑。我的保险公司喜欢我的钱。这滑稽吗？再如：我从来不知道，人们发笑与否因为我的段子幽默，或者我的表现方式是滑稽的，或者我让他们觉得滑稽。还不具有说服力吗？又如：我确实知道这一点。这个世界上有三类人，那些识数的，那些不识数的，还有那些勇往直前的。

修辞性问句

因此，你是否应该在自己的说服意向中使用三分律？答案是肯定的。你是否应该一直使用三分律？当然不能。你能否使用三分律来举例说明修辞性疑问？绝对应该。因为相比只听到索然乏味的陈述，当人们听说一个问题和一个答案时，他们会发现这个答案会更加真实。

然而，无论你运用任何一种说服主题，都需要考虑一个合适的时间与地点，而且即使是正确的事情，并不是所有时间和所有地点都适合。如果你经常使用修辞性问句，你就会被别人误认为是可怕的读心者。你就会沮丧，就不会再信任别人。如果你经常使用带有修辞的问句与别人交流，你就很难听进去别人的反对意见。

在伊拉克战役的前前后后，唐纳德·拉姆斯菲尔德，作为乔治·W.布什总统领导下的国防部长，每次召开新闻发布会时，都会使用一连串的修辞性问句。如果你问我，拉姆斯菲尔德的提问方式能起作用吗？考虑到他尽管指挥战局很不成功，却在那么长的时间内都能保住自己的地位，我必须说：是的，能起作用。如果你问我，拉姆斯菲尔德的提问方式，能很好地起作用吗？因为他很少关注大家的反应，并缺少对自己行为的一种调控，所以他的思想相当的禁锢，缺乏改变。但如果你问我："我应该使用修辞性问句吗？"我的答案依旧是肯定的，但只是将修辞性问句作为沟通中的一个辅助手段，而不是阐述自己理论的唯一选择。

重复和重申

你可以重复地说一件事情，使用不同的方式，然后你会发现陈述它的另一种方式。给人们一个听取同样事情的不同方式。把这个事物当成全新的一样，再诉说一遍。一遍遍地陈述同样的观点。用不同的词汇表达同样的意思。不断地重复，重复你自己，重申你已经说过的。

广告业中有一个定律，普通大众在接受一个观点之前，需要有七次让受众看到、听到。在销售行业，这被称为建立反应潜能。你告诉一些人，你准备很快告诉他们一些事。但随后你并没有告诉他们。接着你告诉他们，你将要告诉他们。但你推迟告诉他们。如果在告诉他们你准备告诉他们什么之前，你将这个模式重复三次，就将会获得他们更多的兴趣和关注。也就是引起别人的好奇心，让他们产生足够的兴趣。

重复诉说你的观点的时候，你要留给说服对象足够多的时间，使得他们对你的想法有更全面的了解和更深层的考虑。因此当你用不同的方式阐述同一件事之时，就给他创造了倾听一些新鲜事的印象，其实你不过是强化了同一个观点。这就像在《头晕戴夫的晚餐》中的格言：“我们的食物是美味的，也是令人回味无穷的！”

当运用重复来为你的说服主旨增色时，需要记住一些事情。最重要的是牢记，当你用重复的方法来说服的时候，一定要对重复的次数进行控制，因为太多重复会导致说服对象的厌恶甚至愤怒。许多父母熟悉这个事实，他们能回忆起在家用汽车的后座上，孩子一种一遍遍重复的提问声：“我们到了吗？我们到了吗？？我们到了吗？？？”——这个时候，重复就是絮叨了，它容易导致人们的厌烦。

说清楚你的观点

我在前面已经说过，现在再重复一次。改变自己思维比解读对方的思维更容易，因为对绝大多数人来说，猜测别人的心思是相当困难的。一个故事如果讲不清楚，就会引起别人的幻想，他们听不懂你在说什么，这样的结果是他们看着你，而不是听你说话。你是否有这样的经历，听到一个故事然后想知道原因？有时一个故事没有要点。如果你是一个讲故事的天才，有时不讲主旨，反而能让故事更吸引人。但如果你试图讲述一个主题，就应该考虑首先讲出主旨，然后再详细阐明。或者，在你故事的最后简单地讲出主题。这里是一个例子。

我做了一个梦，我正坐在一个小飞机上，穿越一片丛林。忽然，飞机坠落下去，没有机毁人亡。我从飞机上下来。我迷路了，我现在不知道我到底处于什么位置——很快就发现了一辆吉普，我上去尝试了下，居然能开。我查看了手套式工具箱，发现了一幅地图。我细看地图，这是一幅非常详细的地图，但对我根本没有用。这个故事中我的观点是什么？这个故事本身不能告诉你。但我可以通过补充说下面的语句来告诉你。我意识到，不管这幅地图多好，如果你不能发现自己在地图上面的什么位置，它对你就是没有用的。对这个故事，我们也可以这样解读：在沟通交流中，世界上所有的信息都没有用处，除非你知道它的主旨在哪里。因此，在你和人的沟通交流中，你要给出你的故事的主旨。

要有指导性

指导别人，要求别人给你一个结果，这个结果是你所想要的。那些擅长说服别人的人，能够给你指引，知道你的思维和行动。他们不会等待你的反应，他们会主动要求你的反应。在前的章节中，本书已经介绍过。

大多数人对指导所起的作用认识不够，而且人人都知道他们不想要的是什么。缺少了指导性，思维就会关注那些自己不想要的事情。这一点不仅对你，对你的说服对象也是事实。但当你要求人们确定一个方向时，就会得到一个完全不同的结果。当你在最初就要求自己必须做到一个特定的结果时，你将会得到另一个结果。这样你就能告诉他们，到底要把他们引导到哪里，或者告诉他们你希望发生什么，而不是让他们迷失在自己的思维中，他们也能容易地跟随你去发现，他们和你将要去哪里。你给出的指导越明确，事情将越有可能向着那个方向发展。指导性主题很有说服力，特别当对方面临战斗或逃跑的二选一之时。

使用生动的语言

也许你曾经听说过这句话，一幅画相当于一千句话。但是，带有言语的图画，它具有什么价值呢？这就需要你至少举出一个例子，来创造并分享自己栩栩如生的经历，并且使用的是大家都熟知的表达方式。所列举的事例具有其独特的一面，这样才能让你所说的内容真实可信。我希望你列举出一个事例，一个让大家感兴趣的事例。这个事例有一个主旨，你在开始的时候就可以陈述这个主旨。接着就可以用生动的描述来为其做例证。比如，你要论证兴趣是最好的创业动机，你就可以举出 facebook 创始人扎克伯格的创业故事。

在任何问题上，你的说服对象都一定想知道，为什么你要告诉他们这些。

数据和统计对你说服对象的思考过程有不同的影响。虽然统计对于有逻辑性的听者有一定吸引力，情绪化的听者倾向于置之不理或者迷失自我。

这并非意味着你不能开心地使用数据。例如，一个工程师、一个物理学家和一个统计学家一起去猎鹿。经过在沼泽地的短暂行进之后，他们看到了 300 码之外的一个庞大的驯鹿群。工程师举枪向鹿群开火。一堆飞扬的灰尘显示，子弹落在驯鹿右边 6 码处。物理学家意识到这里有大量的煤屑，而工程师没有考虑到。因此他瞄准驯鹿左边开火，子弹落在驯鹿左边 6 码处。统计学家上蹿下跳的喊道：“我们射中了，我们射中了！”

这不过是一个统计数据的问题。它们不能传递有说服力的信息，部分原因是大部分人对于它们评价不高。事实是：真相是一成不变的，而统计数据则千变万化。本杰明·狄士累利[①]写道，有三种谎言："谎言，该死的谎言，以及统计。"事实证明，数据不会说谎，但骗子会利用数据说谎。

更符合事实的是，统计远没有举例那样更能吸引人的注意力，因为范例相比统计数据更容易理解和搞清楚。告诉我2005年的碳排放增加了0.2个百分点，我也许会注意到这是个很重要的差别，也许注意不到。告诉我这个增加意味着更多的哮喘和过敏，我就会有些许兴趣。告诉我一个老人或孩子患上哮喘的事，并描述不能自由呼吸是什么情景，我就会感到，有必要采取措施，减少自己的碳排放。

这并不是说，你永远都不应该使用统计数据。在某些特定方面，它能帮助你鼓动说服对象。但一万次中有九千九百九十九次，没有实例的数据几乎确保了当时的提议没有说服力（这数据是我虚构的，但你知道它要表达什么）。如果必须使用数据，就举例来说明它们，因为例子是个人化的，是有情感参与的，因此也是有说服力的。

既然我们已经将数据放到了它们合适的位置，这里是一些关于数据的指导方针，帮你在说服意向中更好地使用数据。

如果你不对使用的数据加以说明，说服对象就不明白。当规划自己的说服主题时，不要从统计数据开始，更不要从数据统计中推断出你的观点。要从自己的观点开始，接着才应该是寻找数据支持。

当然，有时候准确的数据是需要的。科学需要它。优良的工程需要它。例如，如果一个工程师这么说："这座桥需要……噢……大约……几千英尺宽。这样它就能承载几千辆汽车。"显然是不负责任的。你不需要永远这么精确，特别是当你使用许多数据时。几乎任何人都记不住45，273，

①本杰明·狄士累利（Benjamin Disraeli 1804-1881），英国政治家，曾任保守党领袖和首相。——译者注。

945，653。也许，说“超过452.7亿”会更好。当你能做到的话，把数据变成一个百分比（例如：我们不到一半的产品），接着，如果情况适当，进一步缩减到“这些产品的十分之四”。

将普遍数据转化为个人数据

如果我所在的州，参议员告诉我，他准备提出一个在未来五年内，涉及5500万美金的减税议案。这听起来不少，我却不关心它。但如果他告诉我，每年在我的个人所有税账户上，将会有15美金的增加额，我就能理解这个议案对我的实际影响。

将数据转换为图片

一幅生动的曲线图或者数据图可以帮助你的说服对象去理解和记住你的数据。使用电脑软件，你可以让一张数据表更直观地展现在大家眼前，这样说服对象可以理解增长、衰退、进步和扩张，因此会将你的数据视为一块美味馅饼。如果你需要提供更多的数据，正确的做法是将其记下来，放进一份资料内，在你演讲完毕之前发给听众。

口才

Eloquence

第十六章
有趣的劝说增加你的说服力

为什么在说服的艺术中，幽默有非常重要的作用？第一，幽默讲述的是有关人类存在的普遍真理。第二，幽默打破了人与人之间的障碍和隔阂，是让人们联系在一起的桥梁。第三，幽默吸引注意力，使人们有了共同的立足点，并且创造出一种友好的气氛，能促进交流。第四，幽默能化解抵触情绪，克服顽固思想，并且创造对话的机会。

幽默有这样正面的影响，以致于越来越多的企业（尽管不是非常严肃的那种！）都使用它来训练员工，并且用幽默来维系和员工之间的良好关系。教师对学生运用幽默，是为了让他们更多地参与并能更好地理解，并且使学习的过程更加快乐有趣。对于改变的艺术来说，幽默是一个有力的工具。幽默是极具说服力的。

有趣的规则 1：发现你自己的趣味之处

首先，你必须在自己的趣味中发现幽默。如果你做不到，你的说服对象也不会感受到。但幽默能让你笑，并为你的脸上带来微笑，那么至少，你的说服对象可以享受你的快乐，不管你的想法是多么的可笑。

有时，最好的幽默是无意识的。注意它，欣赏它，在其他一些场合有目的地使用它！我最好的幽默原料都是随机生成的，从那时起，它有目的地“偶然”发生！

有一天晚上，我因为一个朋友而参加了一个让我吃惊的派对，他刚过70岁，对我来说，他更像我的导师。他要求我站着说些什么。我说：“提起我的朋友哈尔，我有一件事想要感谢。无论什么时候，只要我感到自己似乎在变老，我就去找哈尔，并和他共度一段时间。”观众们都笑了。当时我明白他们是怎样理解我这番话的意味的。我本来可以解释说，这是因为我对他的不老心态印象深刻，但是，我却选择以一种幽默的方式讲出来。

有趣的规则 2：说到点子上

第二：坚定信念。除非在提出自己的说服意向之前，你刚刚建立起了一些亲和感，有说服力的幽默并不仅仅是为了有趣而有趣。你不能指望别人挠着自己的脑袋，硬生生地想出你要表达的意思。

其实这并不难做。你曾听说过君空逻辑 (jun ko logic) 吗？这是一个在 20 世纪四五十年代发现的广告原理。广告人断定，你可以采用两个互不相关的想法，并且表现得好像他们是相关的一样，这样人们就会找到一个方式来认同这两个想法，似乎他们原来就这样！你还能这样解释广告中，高山之巅，抽烟者坐在自己单车旁边，周围是大片原始荒野。即使你的幽默和你的要点实际上并不相关，在你说他们相关的时候，他们显得确实这样。

有趣的规则 3：幽默只能是点缀

幽默持续时间太长，人们也会走神。你不想让自己的说服对象对你失去耐心，就把幽默作为点缀，千万别让它占据太多的时间。快速的小笑话和偶然的诙谐语，相比那些没有主题的长段故事，通常更能有趣地说服对方。

有趣的规则4：幽默要选择适当的时候运用

幽默的效果和你选择的时机有关。因此为了培养对时机的把握，你必须测试一下自己的幽默感。如果可以的话，在一些人那里检验你的幽默感，注意他们的反应，继续测试你的时机选择。事实上，几乎一切与幽默有关的事情都有赖于时机。恰当的时机，意味着你不会取笑那些在情绪上纠结的人。这有一个时间和地点选择。

适当的时机选择，意味着为了让你的说服对象理解你讲的笑话，你要等候足够长的时间。当你开始自己的精彩讲述时，记得要稍微放慢一下语速。你应该放慢到什么程度？慢到足以让自己也让听众完全听清楚这些话语。你要在心里提醒自己："等一下。等一下。"并且记住，一定要对自己的妙语适当地强调，以便使听众明白这是个玩笑。明白了吗？

我参加了一个政治募捐活动。一个前地方政客，现在的地方电台名人，为我们介绍了本州众议员。议员很受欢迎，并且在募捐会上是个关键的发言人。以下是他发言的开场白："当我第一次开始组织这样的活动，在州立议会大厦中，我与许多人交流。我不得不听一位女士说个不停，她讲的是我们州一个好的民意代表应该是什么样的，他应该做的一切，他应该是个什么样的发言人，还有更多。持续了大约四十五分钟。"他慢慢地说着这些，转动着自己的双眼，偶尔做个鬼脸，让我们感受到一个法律制定人的痛苦。事实上，每个人都对这个讽刺报以大声的笑。时机没有比这个运用得更好的了。

口才

Eloquence

第十七章 七大信号的介绍

为什么一些人比另一些人更有说服能力，即使他们陈述的事实和证据有瑕疵或者经不起仔细推敲？如果每个人都更有逻辑，更理智，更深思熟虑，世界是不是会变得更好？

可是，我们不会这样！根据艾伦·兰格——一位哈佛大学的心理学教授的观点，人们都是认知上的守财奴。当需要思考时，我们都相当吝啬。事实上，无论何时何地，我们都避免思考，以保持自己的能量。为什么？我们至少有好几条非常好的理由。

首先，批判性思维，或者将事情彻底想清楚，当今世界上绝大多数国家的民众都做不到这一点。事实上，政治和宗教权威都建议国民“做我们告诉你要做的，也不要提出疑问，因为我们知道自己所做的事情”。因此尽管所有的证据都可能不支持权威的说法，人们却总是愿意接受他们的建议！

其次，有一些研究指出，我们的大脑缺乏跟上现代生活的能力。因为原始人只要会打猎和采集就可以了，所以我们的大脑只适应打猎和采集，我们获得了原始人的这种遗传。因此，我们都不善于思考，然而不善于思考的我们，却不适应越来越需要思考的现代社会了。有大量证据支持了这个观点，这一现象被命名为彼德定律，情况大约是这样的：在一个政府或者公司管理系统中，人们总是倾向于上升到他们所不能胜任的职位。

第三，也许最好的解释，在于思考要消耗很多能量。这是对的。思考时消耗的热量确实是不思考时的三倍。说得更清楚一些，当你的大脑处于休息状态时，每分钟消耗的能量是0.1卡，而当你做填字游戏或者思考人生的意义时，你每分钟消耗的能量就猛增到1.5卡。当然，与散步时每分钟消耗的 4 卡相比，这是非常少的。但我们生活在一个定居社会，这样的比较没有任何意义。仔细想想，如果你能同时散步和思考，你会释放更多热量。但如果你并没有散步或思考——对很多人来说明显是这样——你将有可能储存许多能量，并因此增加不少体重！

所以下次如果有政客告诉你他们的工作是艰苦的工作，可能他们指的不过是涉及思考的部分。我发现了一个很有趣的现象，在我们的社会中，那些挣了最多钱的人，消耗了最多的热量。不管是体力的（运动员）还是脑力的（像医生、律师和投资顾问一样的专业人员！）

当我们为运动员的获胜欢呼时，会觉得他们是英雄和胜利者，他们也因此获得收入。

不管什么原因，证据是明显的。只要有可能，人们就储存思考的能量。我们寻找捷径，倾听线索，以求节省不得不思考时所耗费的能量。除非事情绝对必要、不得不做，我们避免思考。当必须做出决定时，我们会说："你在想什么？"

一只流浪猫博得了我和妻子的同情心。流浪猫出现在我家的车库，当我和妻子伸手去抓它的时候，它通过不断地打滚获得了我们的怜爱。我们给它起名叫罗丽，一个不需要多少思考的名字。起初，我妻子在车库的一张桌子上放置了一个纸箱，里面有条毛毯，这样它晚上就有地方睡觉了。持续了一周之后，我妻子决定让它住在我的办公室里。我很开心能与一只猫分享办公室，但并不希望那里一闻就有猫味。无论如何，办公室都是要用来工作的，因此我决定改造它并给予罗丽自己的入口，并给它的小房子留出了独享空间。我们雇了一个承包人，迈克。 他拉掉了门框，安排我们参观了当地的贮木场，挑选新门，然后做好了可以容纳罗丽通过的一个小门。

这样我们就站在本来应该是办公室大门的那个洞前，迈克说："里克，你可以看到大门目录了吧？"

我回答:“是，我看了，但坦白地说，那个目录上有许多扇门，对我来说，它们都看起来很相似，而不是有所不同。”迈克问我是否已经挑选了一个。我不得不回答他：“迈克，我不能这么做。”

他说：“这是你的办公室，你需要选择一扇门。”

因此我求助于妻子。我说：“你想我应该买一个什么样的门？”

妻子回答说：“这是你的办公室，你来决定。”

我回答说：“我知道这是我的办公室，但我不能选。”于是我对迈克说：“你能推荐哪个门？”

迈克说：“这是你的办公室，你必须做决定。”

因此我看着迈克，又看看我妻子，然后说：“二位请注意，我知道这是我的办公室，但现在我需要帮助。迈克，如果这是你的办公室，你会选哪种门？”

迈克于是笑了，然后说，“我得去问我妻子。”你能理解发生了什么，除非必要，我们中的任何人都不想考虑关于这扇门的任何更多的事。这种现象，就是大家都不愿意思考。

当我们不想思考时， 如何决定事情？用情绪！我们基于这样的事实来做决定：我们的信息，来自于权威，或者我们喜欢的人。或者一些成功案例。或者我们已经做了某件事情，不妨一直做下去。或者其他所有人都在这么做，所以我们认为它一定是正确的。谁经历过证券市场和地产泡沫？你如何解释，当有更好的有效替代品时，为什么人们会持续购买有运行故障、病毒与黑客攻击，操作系统设计得很差的电脑？

我希望你能考虑这些，现在就考虑。即使你大脑细胞中的每个元素都不停地大声抱怨需要考虑的问题太多了，思考太累了！如果你想成为一个专业的说服者，你要思考。因此放松，并考虑这个关键的想法。当你讲话时，人们可能有两种方式来听，逻辑上的和情绪上的，当一个人有逻辑地倾听时，他会对事实、细节和其他高质量的信息感兴趣，这些可以用来评估你所说的内容。

当人们处于忙乱、受到打击或者疲劳之时（这是大多数人大多数时间都会经历的），他们专注于那些告诉他们怎样去想的线索和信号，而不用仔细考虑它。这意味着，通常你的说服对象都是用情绪倾听。我是在说，大多数人在大多数时间都缺乏思考吗？不是。事实上，大多数人在大多数时间都在思考着一些事情。性，食品，睡眠，自尊，地位，生存。除非一个人已经长大并且有大量批判性思维的支持，你可以期待与那些大量时间都用思维倾听的人的交谈。但是这个只能是期望而不是事实——你必须能够与那些几乎不思考的人交谈！

就我们的目的而言，有七种信号可供人们察看和倾听，它们是有可能起作用的，因为我们的神经系统就是为了对它们做出反应，天生就有的。事实上，根据罗伯特·西奥迪尼①的观点，这七种信号对我们有非常大的社会价值。

这些信号包括：吸引信号、比较信号、遵从信号、互惠信号、权威信号、一致信号和短缺信号。

这是重要的想法。我准备将这些经常被放在一起的信号分解开来。换句话说，在一次活动中，仅仅发现这些信号中的一个，实属罕见。更常见的是，两个、三个或更多信号共同起作用，即使有些信号很少被提到过。通过对它们分析，我相信这些信号对你来说是明显和无误的。这些信号每天会被发送多次，你依然会和它们有着千丝万缕的联系。在下面的七章里，你将学到如何在他人面前发送这些信号，以及当它们对你发送时，如何保护自己。为什么保护自己非常重要？因为人们的思维常常有一个不良习惯，

①美国最著名的说服术与影响力研究权威，著有《影响力》等。

当人们最需要它来保持体力时，它却会自动运转！

当人们手忙脚乱时，他们没有时间，没有掌握足够的事实，就需要一些捷径来解决自身遇到的难题。这没有任何错。每一条线索都有作用。但应用的时候不一定总是有效。最终，你如何使用这些信号，取决于你自身的正直与道德标准。

我希望为你提供这些信息。我已经迫不及待要把将这些信息介绍给你。

口才

Eloquence

第十八章

运用“吸引信号”增加说服力

你喜欢那些和你相似的人

有些人与我们自己很是相似，我们很可能被这些人说服，而不是那些和我们差异比较大的人。快点，承认吧。当你第一次遇见某人时，你没有打量他们，决定自己是否与其打交道，与其交朋友，甚或信任他们？如果他们的背景与你相似，或者与你有同样的工作，或者与你有共同的朋友，或者对你重视的任何事情都有相同的看法，这就提升了亲和力指数。

一些人对他人有很大吸引力。他们会让多数人觉得亲切和好接近。也许你可以称之为魔力，或者非凡的才华。也许那不过是一个微笑带来的魔力或才华。但在他们的微笑中有一些东西，在他们的举止中有一些东西，以及在他们的关注中有一些东西，这一切都在告诉你，你在与一些与你莫名其妙相似的人交往，或者至少他们的行为方式是你喜欢采用的。

你喜欢那些帮助你的人

一些人有幸运的魔力，在生命的早期什么都有了。当时他们就体会到，自己帮助别人而不是打击他们，就会从别人那里得到更多。因为有魅力的人总是给别人更多的称赞和支持，而不是批评和谴责。结果就是，别人倾向于给他们更多的赞赏，更多的机会，甚至当情况变糟时，也能更多地阻止事态恶化。我母亲总是说："你用蜂蜜比用醋能换来更多的苍蝇。"不过，我为什么要换来苍蝇，她从来没有提及过。但她同样教育我说，在任何人那里，你总是有一些可以感谢他们的地方。他们来找你了，你可以感谢，他们离开了，你可以感谢他们。你总是能找到理由，来表达一个真实的称赞或真诚的感谢，即使你说的不过是："感谢你如此真实地表达出了自己的感觉。"

你喜欢那些尊重你的人

当用诚意对待别人时，你就创造了很多的共同点。你知道它是什么。你更容易喜欢那些力求理解别人，愿意倾听反对意见，并能像考虑自身利益一样考虑你的要求的人。在企业制度上也同样如此。如果企业十分尊重自己的客户（考虑他们的时间，他们的主张，他们的利益），就会成为更受欢迎的合作伙伴。如果一个企业能得到客户偏爱，就会生意兴隆。如果企业十分尊重自己的员工，就将创造十分美好的工作环境。你越尊重一个人，你们之间就会具有更大的亲和力，而亲和力是说服对方的一个有力的工具。

你喜欢那些喜欢你的人

人缘出众的人善于经营自己的口碑。他们成为演说家，从事产品推广，这样他们的好人缘就传递给了自己要推销的商品或主张，为它们创造出了一种亲和力。明星代言就是这类事件的完美范例。不管是头发的颜色："因为我喜欢它。"还是有魅力的陌生人做的香皂广告："你使用这个（产品名）很开心吧？你不希望每个人都使用它吗？"以此设计用来吸引观众的回应：

"我喜欢他们！"或者"我想和他们一样！"当一个电影或电视明星公开自己的政治立场时，他们希望把你对他们的喜欢转移到他们相信的目标上，这样你就能喜欢他们的目标了。口碑好的广告可以吸引大众的眼光。如果你喜欢的某个人告诉你他喜欢的一些事，你可能更倾向于也喜欢它。这就是我们常说的爱屋及乌。

如何发出吸引信号

这很容易！指出双方的共同基础，尊重对方。对他们的兴趣表现出兴趣。让喜欢你的其他人做出关于你的评价，并在你的意向与说服对象特别喜欢的项目、人物和观念之间，创建积极的联系。

如何保护你自己摆脱吸引信号

当有人试图利用你们之间的特殊关系来达到自己的目的时，我教给你一种方法，让你摆脱对方的不良企图。方法很容易！只要为自己着想就够了！注意对方都问了哪些关于你的问题，并在心中把问这个问题的人重新归类。

口才

Eloquence

第十九章
运用“比较信号”增加说服力

这就是比较的信号

比较就是根据另一件事来考虑某事。与最糟相比，很糟还不算太坏。与极好相比，很好还好得不够。与坏相比，好是相当棒了。但与好相比，极好让人感觉无比完美。这也就是比较如何增加你说服意向的价值。

你的神经系统，它为比较而生。当你感觉冷时，你跳进一个热水盆里，身体就变热了。当你从盆里出来，空气似乎变暖和了，或者是更冷了（这里是你如何在寒冷的天气中，走出热水盆还能保持温度的方法……当你还在热水中时，在嘴里含个冰块，这样当你从浴盆走出来时，它将你的注意力从气温那里移开！）！

与什么比较

那台等离子电视上的图像显示："正常销售的价格是 4399 美金。今天，只需 3179 美金。如果错过这样的交易，你非疯了不可。"购买时你说："不会吧，我正想省钱呢！"为什么？因为相比之下，现在的价格特别公道！

你太太经常通过抢购来给家里省钱。你不知道，为什么你就不能发现她省下了什么钱！但她只不过喜欢买便宜货。确实，谁不喜欢？毕竟，这些钱是给自己省的！但她是怎么知道这是笔划算交易的？你如何知道这笔交易划算？我们都是通过比较才知道的。

你为什么要买现在的房子？与所有其他你看过的相比，也许它就是宫殿！尽管和一个真正的宫殿相比，也许它相当不起眼。不过，谁会在买房的时候留意宫殿呢？也许你看过了不少比自己买的这座还要更不起眼的房子。这是谁的主意？房产经纪！也许你这房子是他给你看的最后一个，是你看的所有房子中最好的。

开始于基准

你需要一个基准，来帮助你做出判断，以便能够有效地说服别人。

比较可以对你有好处，也可以对你不利，这取决于你用作参考点的基准。想要某件看起来好看的东西？将它与看起来不好的相比。想要某件看起来聪明的东西？将它与那些笨拙之物比较。想要某个似乎负担得起，或者甚至便宜的东西？将它与那些昂贵的相比。

畏惧是一个非语言的比较

比较是低买高卖的基础。当卖出时，以高价位开始，接着当你降价时，你的买家更容易购买。当买入时，以报低价开始，这样你轻微地提高报价，就显得是一个更好的交易。在谈判中，这个原则隐藏在一个名叫"畏惧"的词语之后。如果我以某个价位卖给你了某物，你很快就购买了它。然而在你有了足够多的时间去思考之后，你会发现其实自己可以花更少的钱购买到此件物品。

当我女儿得到她第一份重要的写作工作时，我把这个"畏惧"策略教给她。这是个很不错的工作，给她带来了相当丰厚的收入。她想要这份工作，没有问题。他们也需要她，这也没有问题。唯一的问题是薪水。我告诉她，不管他们给你开多高的工资，都要显得有些失望，并说自己希望得到更多。

考虑比较的顺序

比较需要有理想的顺序，而了解最佳顺序的最好方式，就是搞清楚自己想要在说服对象那里留下什么印象。如果它是恐惧，就以恐惧结束。如果它是期望，就以期望结束。如果这个答案是一个肯定的方向，就以它为终结。马克·吐温说过：如果你不得不吃掉两只青蛙，先吃那个大的。如果你想得到一个肯定答复，先要提出一个更大的要求。如果得到了一个否定，那么，就提一个较小的要求，那你会发现它也许得到了肯定答复，因为它似乎更加合理或更容易操作。你能为接下来的六个月，每个周日抽出三小时吗？不能。你这个周日能给我们一个小时吗？可以。研究说服能力的专家发现，当一个较大的要求被拒绝之后，跟着提出一个较小的要求，很可能会得到肯定答复。一个研究显示，在政治募捐中，这样一个要求个人捐赠的顺序，能增加筹集款的金额。

暗示的比较

如何比较可以得到暗示。当你读到或听到，或者有人告诉你，某事是新的和改进的，这在暗示什么？以前的版本在如今已经老了，噢，顺便说一下，跟这个模型相比，老版本运作得不好。当有人说一件事更好，或者更快，或者更令人愉快时，这是在暗示什么？暗示着有另一些东西更差，更慢，以及让人缺少愉快。

想开始一个新趋势？强调老一代领袖人物中那些失败的个人或团体。

这就暗示了你的新方向似乎比较起来更好。

想停止一个新趋势？强调那些新趋势的个人或者团体是如何失败的。这就暗示了比较起来，老的做事方式更好。什么也不用多说。

邀请一个比较

自己做比较并不是比较的唯一方式，你可以邀请别人做比较。考虑到人们恐惧思考很累，他们要保留“思考能量”，当你要求你的说服对象那边有太多假设和去做出大量的分析时候，他们不太乐意思考，因为思考是痛苦的事情，所以有时做一个比较太困难。在这样的情况下，不是做比较，而是邀请一个比较。一个邀请包括了一个请求。“如果你将这两个付款计划放在一起，就会承认，我的计划比起竞争对手的，提供了更多灵活性，包括付款的灵活性。”“如果你比较这两个产品，就会注意到，我的产品提供了更多好处，而其他产品是做不到这点的。”

这个方法的优点在于，通常人们更倾向于相信你的话，而不是自己做出比较。如果你对比做出一个比较与邀请一个比较，我可以确信，后者是目前传递比较信号最快速和最容易的方式。

分寸很重要，不要太夸张

但一定要小心。太夸张的比较，是一个危险的事情。太过夸张的话语会让大家怀疑你的诚意，进而更加坚定了自己的立场。将伟大与可怕相比，伟大也就让人不那么相信了。将可怕与奇异相比，你就有可能听到“它不可能那么糟糕”。而如果你说的话太过于夸张，就有可能听到：“我宁可坚持追随自己熟悉的魔鬼，也不愿意追随不熟悉的魔鬼。”防止这种情况发生的方法，并且让别人愿意接受你的观点，应当是循序渐进而非激进的说服。小的改变显得似乎并不重要，不管其带来的反应是好是坏，也是相对较小，而不是可怕或让人吃惊的。美国联邦储备委员会提高利率就是这么做的。你投保的保险公司提高你的保费时，也是这么做的。

如何发出比较信号

发出比较信号是很容易的事情！刚开始你说出一件事情作为一个标准，接着拿其他东西与之对比。比较规则是基于你在别人心目中要留下什么样的印象。你可以选择对比较大，也可以选择对比较小。你可以暗示一个比较，用身体语言引出一个畏惧模式，或者强调一个人的成功（失败）导致了的变化，或者通过使用有比较意味的词语，如更多、更好、更快、更新和改进。谨记，如果你的言语过于夸张，你话语的影响力就会减小。循序渐进的交流能给你带来更大的收获。

如何更好地保护自己

当有人试图通过做比较来利用你时，要保护自己免于可能的不良企图。这很容易！将进行比较的项目一个个地分开，考虑每个项目自身的情况。

这个方法适用于地产行业（我所考虑的是这些房子，不是与其他房子相比，而是其本身的价值。）、商业机会（我所考虑的是机会，不是与其他机会相比，而是其本身的价值）或者创意与建议（我所考虑的是这些理念，不是与其他理念相比，而是其本身的价值）。

口才

Eloquence

第二十章 运用"遵从信号"增加说服力

把分散的力量聚集在一起

跟随一个更大的集体是人类一种根深蒂固的冲动，它被我们称之为羊群效应，或者是从众心理。这是每个群体生存和延续的需要——不同的群体、文明，以及聚集在一起的人们，协作起来走向共同的目标，争取共同的食品衣物，对抗共同的敌人。这种欲望根植于我们内心深处，是人类本能的一部分。处于湍流之中的鱼群，列队飞行的鸟群，在荒野上逃生的兽群，它们也会有这样本能的欲望。仔细地想清楚这些，你就会发现这是正确的。我们希望成为一个比自己强的大集体的一分子，这是有着充分理由的。人类作为社会成员，其生存能力依赖于我们共同工作的能力，与人相处的能力，以及向更大利益共同迈进的能力。如果我们总是像一群猫一样行事，每个人都按着各自的方向前进，整个社会将会困难重重，难以解决任何问题。我们发明社会组织，是为了让人们齐心协力，但是不可避免的是，外部还存在着试图把我们的团结一致分开的邪恶势力。

你倾向于做他人正在做的事

当劫后余生的幸存者处于危险境地时，联合起来的欲望就会很强烈，当然不危险时也会一样。

一天，在我们生活的俄勒冈小镇，我和妻子走过一个大公园。我们走过操场，走上沿着小溪蜿蜒向前的人行道，接着进入树林。这时我注意到有一些人站在那里仰望。我俩控制不了自己，于是也停了下来，也开始仰望！"我们在找什么？"当我俩站在那里向着似乎是正确的方向凝神时，我问。

"那边的树上有只猫头鹰。"人群中有一位女士兴奋地回答。

"哪里？"我俩确实想知道。

"在那边的高处。"她用手指着。我们看了又看，过了十分钟，我们想自己看到了，它已经融入这颗树。接着我俩环顾四周，看到向上看的人更多了，五个已经变成了五十个，其实，大部分人，根本不知道别人在看什么呢。

多年以前，我们参加了在芝加哥举办的一个研讨会。房间里挤满了热情的参与者，每个人都梦想通过买卖房产、土地和建筑来发家致富。论坛的负责人劝人们努力去争取财富，因为到处都是机遇！随后，他向我们谈起了从众心理——一种人类像成群的牛羊一样活动的倾向。谈话的时候他非常诚恳，我在房间内四处走动，发现自己并不是唯一的一个关注这种观点的人，这种观点是个悖论。

1992年，商业界赫赫有名的迈克尔·海默，在《哈佛商业评论》上写了一篇文章，其中说到："到了停止铺设牛路的时候了，消灭它们并重新开始。"你知道什么是"牛路"吗？在远离这里的西部，联邦和各州的林地允许放牧牛群。因此，如果你喜欢野营，就会不时地遇到牛路。我的建议是，如果你跟随一个牛路，小心行走，我就是这样的。

读了海默的文章，我曾决定跟随一个牛路并看看它通向哪里。它并没有特别的目的地，相反，它到处延伸开来。我发现自己疑惑于牛群为何要不停地改变方向。毕竟，当道路改变时，没有明显的原因，没有无法逾越的屏障，没有阻碍需要它们那么做。但这时我认识到了，牛群仅仅是跟随头牛，而头牛却不能把握方向！方向的改变，是少数牛在相同的大方向上来回徘徊的结果，其他的牛基本上认定："噢，就这样。"

根据这个经历，我考虑海默的陈述，并意识到了它的一个含义。你应该明白，人和牛的区别并不在于走不走弯路。在这类事情上，我们和牛是一样的。区别在于，当我们改变方向时，我们将方向的改变制度化，并遵守这个制度。我们开辟一条路，并确信它一定是正确的，因为大家都在说"这样做很对"。这就是遵从的力量。这就是我们为什么不能总是做最佳决定的原因。当每个人似乎赞同第一个决定时，我们就遵守它！

有时候变化符合"钟形曲线"

幸运的是，遵从同样会带来改变。这就是在美国所发生的，给予女性投票权，接着是民事权，然后是在公共场所禁抽烟，以及禁止在加油站建咖啡亭。现在正发生在医疗保健、教育和管理领域。遵从带来的变化，呈一个钟形曲线发生。它开始于早期接受者，这些人处于潮流前沿，是一个疯狂的群体，就像苹果将其引入"不同凡响"广告宣传，用信号示意了他们转变的开始。这些领导人物仅仅是响应了自己内心的一些想法，做了自己认为正确的事情。他们被那些仍旧遵守先前趋势的大多数人，看作是梦想家和傻瓜。但最终，一些更勇敢的心灵追随了他们的先行者，而先行者如今等到了越来越多人的追随。这些人意识到了这些，也许这些有梦想的人才能有所成就。很多人发现了他的所作所为，可能会公开说："唉，这个人真让人琢磨不透。"私下里，很多人都会由衷地赞叹："这小子有理想，很不错。"最终，他们加入了这个现在已经势不可挡的潮流。如果你愿意的话，大胆去做，自然会有很多人追随你的脚步。

流行的东西很有说服力

遵从观念并不仅仅是跟随大众。有时，它与流行有关。当你希望向别人学习的时候，你要选取你最喜欢的某些方面，这样你才能做得更好。你也应当如此。

为什么要做民意调查？这是为了告诉人们谁获胜了，这样就可以支持赢家。人们设想，胜利者一定做了些正确的事情，否则就会像另一个家伙一样成为输家，反之亦然。如果不被看好者成了获胜者，而被看好的人却输了，这也是大众的想法决定了社会现实。

比如你看一场演出，每个观众都笑了，你认为这场演出一定很滑稽。这一定是个成功的表演，每个人都会扔钱给演员。

这一定是一种安全、美味的食物，每个人都想美美地吃一顿。

这一定是一件迷人的时装，因为每个人都想穿它。

这一定是个优秀的演讲者，因为每个人都愿意听他的慷慨陈词！

问题是，人们根本不了解他们所跟随的人，他们要是错了会怎样？因此，就像母亲教导过你的那样，随波逐流会把你带入一个充满麻烦的世界。人们有时候会跟错了方向，走向失败的深渊。

如何传递遵从信号

传递遵从信号很容易！你需要让人们了解，你的主意是一个发展趋势、一个流行运动，或者至少，是其他人已经成功完成的事情的一部分。寻找你的盟友，建立一个小团队，让创意执行下去。发现志同道合的人，甚至可以自己培养。刚开始的合作者也许不多，但是随着时间推移，你的团队会越来越壮大。

没有人愿意失败，但他们会急切地跟随众人去关注接下来要发生什么，或者成为胜利者中的一员，而这个他们期盼的胜利是自己遵从的结果。

如何保护你自己，而不是一味地跟随别人

为了遵从我在前面每个章节中讲过的说服信号，我必须在这里强调一遍。对于是否要跟随一种流行趋势，你自己要慎重思考，它对你来说是否正确？从而迅速从随波逐流的盲目状态中摆脱出来。向上看，向四周看，接着运用你自己的最佳判断。你最终会走上另一条道路，并且发现自己走在人群的最前面！

口才

Eloquence

第二十一章

运用“互惠信号”增加说服力

为他人做些事情，他们也会回报你

互惠就是一些互相帮助的事情。当一些人给你一些帮助时，你就会知道，你应当有所回报。互利互助，共同进步。这是对等的，你惹怒我，我也就会惹怒你。如果你能因为我帮你，而你也帮我，我就喜欢帮助你。

但帮别人一个忙，到底意味着什么呢？一个帮助意味着你可能暂时违背了自身利益，而去维护他人的利益。它暗示你做出了某种程度的牺牲，作为对你的一个恩惠，当然希望看到你的回报。作为对你的一个恩惠，我还将给你更多。作为对你的一个恩惠，我不想告诉任何人。作为对你的一个恩惠，我会让你先受益。作为对你的一个恩惠，我将有礼貌地待你，即使你不能以同样态度待我。当你留意他们的兴趣，并将之置于自身利益之上时，他们就有一个互惠的倾向，会留意你的兴趣作为回报。你关心他人，他人也就会关心你。

有舍才有得

有时，人们确实想要互相帮助以摆脱困境。有时，陌生人确实能关心你，这种牺牲自己的意愿是真心和真实的。但有时，这些互惠的模式在一个大的团体内因为某些人而终止。也就是说，有时候，你给了他们帮助，而他们却没有给你帮助。

你有没有经历过这样的事？一个服装店员工热情地把你引到一排排让人惊呼、供应有限的时装前。

有一天，你去购买一辆汽车，汽车销售员把你的情况汇报给老板，他希望老板能够给你打折。他对你而言是陌生人，却对你相当友好，你还能说什么呢？然而实际情况却可能的是，这些乐于助人的陌生人将为你推荐一系列产品，本来你打算花5万美元买一辆车，他们给你办理了VIP待遇，让你只花了4.8万美元，因为他们给你了优惠，你也不得不给他们“优惠”。汽车销售跑回来告诉你，他为你的利益做出了努力，接着诚挚地鼓励你购买内层油漆、车罩，并为你制定了一个保养计划。你又花5000美元买了相关的汽车配件，是的，你总共花了5.3万美元。没有想到吧，本来你以为能节省2000美元，最后却是你多花了3000美元。

如果你愿意，我也愿意

任何优秀的谈判者会告诉你，在谈判中，你每一次让步，对方也必须做出一次让步，否则这个谈判就会慢慢停止。

你必须遵守“让步规则”，要不然你必定会吃亏。也就是说，每次做出的让步永远不要超过一个。你做出了第一个让步，必须等待对方给你也做出一个让步，接下来；你才能做出第二个让步，必须等待对方给你也做出第二个让步。以此类推。你们必须都各让一步，这也是你如何达到可以相互满足的结果的方法。

在谈判中，你可以加入这个信号。如果你能将之作为一个善举或让步，那么你先做出让步和给予。你仅仅需要发现，你的说服对象是不是也做出了让步。

对你免费，对所有人免费

得到这个效果的最快的方法，就是免费提供一些产品。免费可以触发别人互惠的欲望。免费日历，免费的试用商品，这些都试图给那些接受馈赠的人创造一些责任。这就是关于免费的真正所在。接受免费经常是要付出代价的。免费的提供者，知道你获得一件免费礼物的愿望是令人难以置信地强烈，强大到足以迫使你做出了一些事情来作为回报。

毫无疑问，你碰到过一些成功的销售人员，他们让人厌恶到了不可思议的地步。他们如何维持业务呢？他们用什么方法创造了一系列的业务呢？事实是，即使一个再笨的销售人员，也可以抢走聪明的对手的客户，如果他能发现一个可以先对客户施以恩惠的方法。

没有人想要压力

当然，不能有效地给与别人优惠也是完全可能的。当你向别人施以恩惠的时候，会让别人陷入极度的负罪感，他们会感觉到压力。这样的话，他们就会躲着你。所以你要把握好施以别人恩惠的度，不要刻意地要求回报。

如何传递互惠信号

这很容易。让我给你帮个忙，并始终重复我对你所讲的——给予一点，得到一点。你按摩他们的肩膀，他们按摩你的。你提供一些免费服务，他们也会想着回报你。你做出牺牲或提供便利，他们同样想回报一些。等价交换，仅此而已。

如何保护自己，躲避伤害？

这很容易。当别人给你提供一个便利时，说声谢谢！在你伸手去接受礼物的同时，确定看清楚别人的真实意图，这样你就不会因为自己急切地贪图小便宜而遭受损失。

不要误会我。我并不是说，你不应该接受礼物。送出礼物是好的，接受礼物同样不错。但有时候去思考一下，你所收到的礼物，是否是一个真诚的馈赠，或者你只是被当作了一个等待被利用的人。这是不是意味着，当有人向你提出，为你做正面的事情时，你不能相信他们的意图呢？错过别人真诚的礼物，将让人无比的遗憾——如果有人确实想给你一些东西，就成全他。既然给予和收获并行不悖，而且有时候，我们能够给予别人最重要的礼物，就是接纳他的馈赠，你甚至可以把他当作自家人，就像这样！没有债务，没有义务，他们希望你拥有它，而你给了他们恩惠，让他们把礼物交给了你。

口才

Eloquence

第二十二章
运用“权威信号”增加说服力

服从权威

在世界上的任何一种文化中，服从权威几乎都是一种基本要求。关于服从的教育，以及挑战权威的后果，都会记录在神圣的作品和经文中，直到文艺复兴的到来。从文化角度来说，我们习惯于顺从。我们受到的教育是，荣誉和责任密不可分，而且我们奖励顺从者，惩罚抵抗之人。

20 世纪 60 年代的米尔格伦试验证明，只要一个权威的人物对人们提出一个要求，人们愿意做那些被要求做的事情，即使这些要求本身是错的。

服从一些人的权威，在以下几个方面起重要作用。它告诉我们在陷入危机，或者面对不确定性时，应该服从谁。权威同样可以让人们代替自己的行动，这也许可以解释人们有时会急切地按自己被要求的方式行动的原因。因为当某些事情出了毛病或发生故障时，那些奉他人为权威的人，就可以声明自己只是“听从指挥”。

权威是一个重要的说服信号。但你如何规划一种权威？在信号的效果难以估测的时候，你如何发出信号？

创造权威，第一印象很重要。你得到第二次机会来创造权威的可能性很小。我已经研究过并且相信，你完成第一印象的时间，在两秒钟到两分钟之间。时间不长，但很多事情都依靠它。第一印象往往基于外表、文凭、以前的经历、你交往的人，以及你说话和行动的方式中所传达出来的权威感。

权威的外在形式

人们确实通过封面来判断一本书，因此他们也会根据你的外表来判断你！科学家们长期进行关于外表的影响力和说服力的研究。这些研究报告显示，人们往往跟从、听从外表看起来权威的人。同样，外表看起来权威的人，创造了一种有力和权威的感觉。当一个运动队开始比赛时，整个社区可能会因穿着他们的制服而获得荣耀。但如果你不想拥有或穿上制服，一套漂亮的服装也会让你有所不同！对外表影响力的研究证明，外貌确实很有价值。一个实验是让人在大街上接近陌生人并请求对方借钱给他。有时他会穿上套装，其他时间他着装随意。当穿着套装时，他能借到更多钱。为什么？借钱给陌生人的行人，当他穿着套装时，对其能够归还更有信心。当借钱者衣着随便时，他不过是被当作一个乞讨者。

另一个研究，比较了一个穿着讲究和另一个穿着随意的人，同样穿越街道时发生的事。研究者记录下来了多少行人跟随这两人的行动。穿着讲究的人可以让更多的人跟着他违反交通规则，这就说明了权威的力量。

学生们根据外貌给教授们打更高的评分。堪萨斯大学经济系教授丹尼尔·海莫默什博士认为，就潜在收入而言，外貌能创造12%的不同。职业主持人都清楚，应该比观众穿着的略微华丽一些。为什么？如果衣着成功，你就显得成功了。你的穿着比观众还朴素，他们就可能会觉得比你优越，并对你所说的话缺少信任。

总的来说，人们对于外表相当在意，并把权威授予那些注重形象的人。

许多形象顾问都会这么说，服装的颜色能传达一定程度的权威性。根据他们的观点，深色暗示了威信与力量。海军蓝和橄榄色的制服，至少会给人们表面上的权威感觉。黑色是所有颜色中最深的一种，是如此强有力，但它也会经常显得刻板、冷酷和不友好。穿黑衣之人应该展现出自己亲和的一面，来创造一种平衡，以达到说服的目的。

当然，不管外表如何，你都完全有可能感化人们对你的看法。这里有个关于亚伯拉罕·林肯总统的故事，可以追溯到19世纪60年代。林肯参加一个聚会，因为很多人认识他，这些人就开始互相谈论林肯的外貌。有些人的话，声音高得足以让林肯听清楚，比如“他是一个相貌相当平庸的人”。林肯回答说：“上帝偏爱长相平平之人。这就是他为什么要创造如此多这类人的原因。”

经历意味着权威

如果你有经验，就从经验出发来进行劝说，因为它是有参考价值的。当你代表自己公司时，你公司一个强有力的品牌名称意味着权威与你同行。如果你，或者你代表的团队或理念有任何的立场，那一定要为之坚持。在同一家公司连续工作过多年的人知道，经验有价值。商人们更喜欢经时间证明过的有工作经验的人，而不是热情却容易犯错的新手，因为后者还没有给自己带来过切实的利益。经历带来与之相称的智慧，智慧意味着权威。可是经历不一定带来智慧——有些人有着长年的工作经历，但他们从不学习，他们总是停留在过去，所以他们没有什么智慧可言，他们拥有的不过工作记录，但并非智慧。相比老江湖，有些人偏好那些敢于执着投入的年轻人的活力，承担风险的更大意愿，以及创造性地进行思维和行动的能力。但一个关于正面经历的成绩记录，相比一份缺少这些经历的记录，显然更能传递权威。

组织代表着权威

然而，即使当时你缺少经验，如果你的支持者拥有它，他们的经验会带给你一定程度的权威。在20世纪80年代，我担任全职演说家和培训师的第一年里，在这个当时世界上最热门的培训公司中，我是仅有的15个被汤姆·彼得斯①集团挑选出来，代表公司向商业社会推介汤姆先生革命性的“追求卓越”项目。虽然在商业培训领域我是个新手，无论走到哪里，我都自豪地享受着汤姆的权威。他的权威给了我权威，为我打开了成功之门，而且还不止一扇。

汤姆曾经说过，名片盒最大的人会赢。这话听起来很有意思，但我并没有充分理解其含义。现在我已经年龄不小了，我意识到我们所在组织的威力，以及这些组织所拥有的经验和权威。通常，起作用的不是你认识谁，而是谁认识你。认识合适人物的人就能有一个强大的正面形象，因为人们知道：某些重要任务正在背后默默地支持着你。有经历就会有社会关系，而通过我们的社会关系，我们就可能得到本来不属于我们的机会。当抓住这些机会做事时，我们的社交圈子就扩大了。我们社交圈的大或小，交往人物的地位高与低，将带来可积累的权威和经历，同样也就决定着我们的未来。

① 汤姆·彼得斯（Tom Peters，1942—），世界顶尖管理学大师，在美国乃至整个西方世界被称为“商界教皇”，《财富》杂志把汤姆·彼得斯评为“管理领袖中的领袖”；《经济学人》杂志称他为“超级领袖”。主要代表作《追求卓越》被称为“美国工商管理圣经”，仅在美国就销售了600万册。

学历的权威

在我们的社会，人们投入时间、金钱和精力追求更高的学位，这已经被证明是一定程度的保证。我们尊重学历和头衔，因为我们重视教育，而这样的成就显现出权威。是不是任何人对教育都有这样的感觉呢？不是的。有些人觉得与平易近人者相处更舒服，他们把使用头衔视为傲慢和看不起人的行为。但一般来说，人们看重头衔与学历，并且承认那些拥有这二者之人的权威地位。

在三年的医学预科学习之后，我在一所四年制自然医学学院获得了博士学位。无论是作为一位消费者还是作为一名服务提供者，每当我第一次与一家公司签订合同时，我都会使用自己的学位。在签订合同的最初时段，它确实有积极作用。例如，当我预订酒店房间时，就一定会说“克士纳博士”。不过有时，你需要利用其他方面的权威。

一天夜里，我很晚才到达一家酒店，接待员告诉我，他们已经没有房间了。“但我有一个固定的房间。”我大声说。“没错，但我们没有多余的房间了。”他答复说。我勇敢地利用了更高的权威，来获得一些持久能力。我对他说：“如果美国总统在这里需要一间房，就现在，你能给他提供一间吗？”“是的。”他尝试地说。“好的，他现在没来，我就住他那间！”他笑了，并给了我一个房间。

提防骗子和假冒者

无论在商界还是社会中，一个头衔的权威变得如此让人渴望，以至于学历正在失去与自己应该代表的经历之间的联系。在过去二十年间，文凭工厂已经大量出现，春天之花般开遍这个国家，用四色全彩杂志广告来推销令人垂涎的、能换来更少工作和更高收入的学历。例如，在一些没有执照的州区，那些想从事医务工作的人只要花上几千美元就可以买来一个医学博士学位。任何人都可以行医！同样的，垃圾邮件制造者发出上百万封邀请函，目标是那些不会怀疑、无知的人，他们认为这些通过努力得来的权威是天生的。但为什么人们会对这些没有价值的学位信以为真，并把自己辛苦赚来的钱寄给骗子呢？也许他们没有考虑清楚。更有可能的是，他们渴望权威，但缺乏合法取得权威的能力。

原谅我的痛骂——这类欺诈对社会危害很大，因为它破坏的是公共信心，并动摇了教育的根基。在假文凭肆意横行、虚假学位畅通无阻的地区，政府管理人员承担着很大的责任。我希望他们能够有所作为，打击学位买卖。直到那时，我们可以希望，冒牌者只能通过装腔作势压盖自己的空虚，否则就会被发现，他们的脸面也就丢尽了。

讽刺的是，你不需要一个学位来显示权威。如果你有真实的权威，你当然不需要。

真正的权威

一个很普遍的误解是，权威的真正地位是被外在机构授予的，是用学历或是血统来证明的。虽然你会通过封面判断一本书，但终究还是要读它。它要么有某些价值，要么没有。世界上有许多有头有脸的人物，但是却愚蠢、傲慢和无知。除了同行和陌生人的嘲笑之外，头衔让他们什么都没得到，什么都没挣来。由于缺少真正的权威保证，他们的发言和声明的庄严性，就如同一只充满氦气的气球。

如何体现权威，这个有时候很微妙。权威源自内在，然后在外部呈现出你的权威。显然，如果你不尊重自己的权威，就很难用它给别人留下深刻印象。你向外部世界展示自己的方式，对于决定你自身和你的观点是否受人尊敬，有着重要意义。所以你需要回答的问题是，谁授予你权威？最终，答案是：你自己的自信和观念，决定了你的权威。毕竟，如果你不值得尊敬，我为什么要这么做？

信心传递权威

信心来自于精心准备，而信心传递权威。如果你打算引导他人或者某个团体达成一个决定、主张或行动，带着权威发言是很有必要的。你行走或说话的方式告诉这个世界，你是否尊重自己的权威。它通常体现在你进入和离开房间的方式，体现在你坐在桌前和站在门前的姿势，体现在你说话声音的强弱，体现在你的表达与事实的契合程度。因为我花费了大量时间站在公众面前，我已经学会了清晰讲话，学会了发音技巧，学会了将自己的声音传播到房间每个角落。这些技巧还给我带来了一种习惯，就是当众讲话的方式延续到了我的个人生活之中。我妻子说，无论什么时候我说话，听起来就像我知道她要讲什么似的。我欣赏这句话的幽默。

还有其他一些方式，可以在你的说服意向背后提升你的信用并增加你的权威。我这里谈到的是证据和证词。

证据规则

如果证据能够帮助你达成自己的愿望，那么可以说这些证词给了你权威。如果证据对你的目标不利，就会损害你的权威。对于有逻辑性的思考者来说，真凭实据是所有说服信号中最强有力的一个。当人类思考的时候，并不是说证据越多越好，而是证据越权威越好。但是，有时候你提供的证据越多，你越具有权威，因为这种情况下是权威的简单累加。

回想一下上世纪及本世纪的一些重要的电视审判。回忆一下所有的专家证词，他们都是玩弄证据的高手。双方都试图用海量证据淹没陪审团，以便于传递这样的信息：真理在他们一边。而在审判的最后，并不能简单地归结于常识或事实或逻辑的问题。法官对于证据和证词的质量形成了一个印象，然后做出一个判决。通过这种方式，罪犯逍遥法外，而无辜者却锒铛入狱。

1、挑选一面

据说，每个说服意向都有两面性。不管你准备说什么，总会有人有意说话反对你。但研究证明，仅仅靠提供证据来支持自己的观点那是不够的，如果你有一个强有力的主张，你的说服对象也已经倾向于支持你，你就会更有说服力。你说出自己的想法，通过提供可信的事实，并且提供支持这些事实的可信之人以及支持你立场的可信理由，目的是聚集与强化支持。

然而，如果你的说服对象支持那些少数的、与你的观点相背离的事例，而你的说服对象没有明确的立场，你的观点就需要有更多说服力，不管是在陈述正面还是反面，是提供有利还是不利证据。前面我们已经讲过关于免疫的说服方法，这个时候你可以使用免疫的说服方法，你可以提出证据来，反对并进一步驳倒它甚至破坏它。这随便你。你可以用其他事实反击证据，想方设法降低反对方观点的可信度，并使用在前面章节中讨论过的策略来组织你的反对意见。接着以权威身份提出支持或反对它的证据。

2、研究结果

无论何时你说到“研究结果”，只有很少人确实要求你提供研究证据。

我依然鼓励你只引用真实的研究成果，因为在说服的艺术中，诚信的力量超过了其他一切。但不管你引用的研究成果是真是假，是不是精心设计，与你的主题相不相关，事实就是，你将它们作为证据，向那些寻找和倾听说服信号的人传达了权威。

3、口供证据

口供是一种证据。事实上，至少有两种口供证据。一种是专家证词，是一些知情人或者应知情者所说的什么事是什么样。第二种是任何除你之外的人提供的证词。

当你这边没有大量事实证据时，专家证词可以传达权威。某个权威人物的观点，你可以运用起来，作为证据来支持你。一个众所周知的专家，代表你的想法或提议发言，就是把自己的权威借给了你。同样，就像拥有其他形式的证据一样，无论何时何地有人质疑自己的观点，只要赫赫有名的专家站在自己的一边，相比较那些没有专家支持的，很可能就会有更大说服力。

通常情况下，你并不需要一个专家。你只是需要一些人，任何人，来为你的利益发言。这就是他人的权威。广告商明白这一点。他们雇佣你不认识的人，让他们宣传自己一无所知的产品，目的是说服你，让你认为自己了解够多，可以购买他们的产品或者服务。

这些天，你可以看到那些不是缺姓就是缺名的人，使用其他不认识的人来促销创意、产品和服务。B. 米勒说："这是我用过的最好的东西！"凯西·H说："别等另一个时刻了！如果你想成功，在这里就能发现答案！"关键在于，他们看起来、听起来，都像是很有权威的，因为有些人帮他们做参考！当被劝说的人也确实不了解关于产品的任何情况时，这样的宣传特别有效。

当商店里的一个陌生人无意中听到顾客们主动热情地谈论一件特别的商品时，这个言词证据也许足以促成一个销售。说到某些技术改进，我有一点极其怪异的感觉。不止一次，我在离自己家不远的电脑商店，听到一个销售人员说服顾客购买比其能接受的型号更便宜但故障也更多的机型。我清楚这个销售人员为什么要这么做。如果他们销出了这些破烂货，他所在的商店就会从可怜的顾客的使用和维修中赚到更多钱。但我忍不住了，我大声地说，我强有力地反驳这个销售员，并提出了我的意见。我一定很有说服力，因为顾客总是接受我的建议，购买了更好的电脑，而不是听销售人员的。算起来，我推销出去的电脑价值已经超过了 65000 美金，虽然我自己从中一分钱也没赚到。我这样做，是因为这是应该做的正确的事。许多专家都会同意我的推荐。

下面要说的是一个有些用处的育儿建议，你可以将它用在孩子身上！如果他们正处在一个不想听你意见的年龄，与他们分享其他人支持的，但体现你立场的观点。当我年过 50 之后，我母亲还在对我用这招。她会读杂志文章，强调她想要我学习的事宜，并把文章拿给我看！我父亲有个特别让人喜欢的亲戚，当我还是个少年时，他告诉了我关于政治和政策的许多事情，至今依然能让我受益匪浅。

多年以前，我开车经过一条公路，在假期中去探望岳父母。在公路两侧的休息区域，我不幸倒在了冰面上，不得不去看牙科急诊。让人抓狂的是，我被要求立即转诊，牙医马上就要为我治疗。想到让一个从来不认识的牙医在自己嘴里工作，确实非常可怕。当我到达他的工作室时，他依然需要几分钟，为我的就诊来做准备工作。我坐在他的候诊室中，当注意到桌上一盏灯下放着的相册时，我的靴子在颤抖。我紧张地拿起相册来翻阅。但里面并没有照片，只有送给医生的感谢卡和表扬信。所有一切都被仔细地保存着。我越看这个相册，就变得越平静。当牙医为我做好准备时，我对他的治疗已经完全有了信心。尽管我并不认识写下这些感谢文字的人，我的确和他们一样感激，就像自己已经经历过一样。

如何传递权威信号

如何传递权威？这很容易——强调你的经验和持久力；提起你的那些支持者的名字；让他人代表你的利益发言；你可以做好准备，自信地演讲，自信地站立，自信地行走。所有这些事情对制造一个权威的印象都有帮助。而且这个印象一旦形成，走到哪里你的权威就能被你带到哪里。

不过，我需要在这里提醒你。一些人厌恶权威。也许你也是其中一员！如果这样，如果有人在说话时总是显露出自己权威的一面，那么这个人必须做好准备，做好说服对象可能抵制他的劝说的准备。很多人都不喜欢别人以一种居高临下的方式和自己讲话，他们讨厌傲慢，他们抵制那些傲慢之人所说的观点和想法。为了创造出真正的说服力，需要将权威信号与其他说服信号平衡使用。

如何质疑权威

当某些人试图用权威的声音和外表来控制你时，这里是如何保护自己免于可能的不良意图的方法。这很容易！只要为自己着想就够了。当面对一个专家时，问自己这个问题：“这个人是不是真正的专家？”接着问自己：“如果我被说服了，面前站的这个人会得到什么？如果我被说服了，他能得到什么好处？”一旦回答了这些问题，你就可以用事情原本的标准来评估对方所展示或者所陈述的，而不是简单地被权威信号所影响。

口才

Eloquence

第二十三章
运用“一致信号”增加说服力

说话一致性和结果的预期

我们有种种理由，去期望他人的行为中，至少有某些一致性。如果人们不停地改变他们的思维，改变他们的价值观，改变他们的准则，这个世界不知道会变成怎样？当我对你说了些话，就建立起了一个期望的标准。如果我一直坚持，你就知道，你可以信赖我。过一段时间，在某个时刻，我用不着对你说任何话来让你知道我以前说的还有效。当我告诉你我准备做某事，接着我就做了，然后我告诉你我已经做了。我一贯地这么做，你就会知道如果我这么说了，就会这么做。当然，正如我在本书中已经说过的，这种信任会带来惊人的说服力量。

在一个满是冲突的世界上，一个充满失望的生活中，人们希望自己的经历与自己的期望以及计划相一致。这就是隐藏在这个世界上一些最优秀的企业家和最卓越的领导者内心的驱动力。最有力的说服，要根据人们内心的期望和计划进行。

不一致导致失调

说服的时候，你依据人们的期望和计划进行，就容易实现自己的目标。相反，则会导致说服失败。事实上，我们发现不一致是很令人不安的。如果你购买产品的价值与你付出的价格不符，你就会失去对产品的信任。如果一个推销员承诺了太阳、月亮、星星和天空，然后一个交易达成了，顾客打电话给客服中心，结果却被告知：“嗯，我们实际上并不生产太阳、月亮、星星和天空。”这样的话，顾客当然会很失望。

当然一致性不总是受到大众的青睐，约翰·克里在2004年总统选举中一致性的尝试最终失败就是一个证明。“在各位能够使用投票权反对我前，请先投票支持我当选。然后我将告诉你为什么。”问题是，这样就是错了。一个更聪明的选择本应是：“我的选票与我的原则相一致。”一致性比起不一致来，有大得多的说服力。不管正确与否，我们都把一致性与个人的及智商的优势联系起来。在政坛上，在任者总是能得到连任，并不仅仅是因为改变选区和投票舞弊。更多是因为选民们不想承认自己上次选错了！

许多（如果不是全部）人宁可坚持愚蠢的决策，也不愿意承认自己的判断失误。不一致导致了认知混乱，而不和让人们心烦意乱。绝大部分人都非常讨厌混乱，因此只要有可能，他们就不想看到它。也许你希望混乱的一面永远消失，也许你希望清静的生活。也许你不管它的存在，并“坚持到底”。也许你辩护、解释、证明，或者用其他方式为其开脱，你希望事情在你的努力下得到改变：只要你付出，只要你努力，总会有好的结果。因为你讨厌混乱，在很长的时间内，你都坚信自己可以将事情做好，因为你相信混乱的现状终将消失。

想要说服思想极其混乱的人，这并不是一件容易的事情。如果一个发生的改变能够给自身带来积极的变化，例如维护了自身的利益并与自身的价值观保持一致，或者发生的改变能够带来实际的效益，比那些不稳定的事情靠谱得多，这个时候，很多人愿意改变自己。不过，不一致本身也是有价值的。它让我们对于新的机会有了关注和兴趣。它促使我们为了恢复一致性而解决问题。这就是为什么故意引入能造成异议的话题，是一个非常强有力的说服工具的原因。为了反驳我的观点，你也可以寻找这条规则的反例。

当对方与我们意见不一致时，我们往往会很轻易觉得不必关注也不必支持他们。但从长期来看，不一致完全有可能向一致转变。如果有人顽固地与你的观点不一致，也许因为他有个坚定的承诺，在适当的时候，我们应该重新评估一下自己是否正确。也许我们可以得出结论，他们所说的和所做的，值得我们关注甚至支持。

想一想苹果公司的“不同凡响”活动！乍一看，苹果决心从事的活动，与社会现状并不合拍。当这个活动首次推出时，苹果的市场份额似乎陷入停滞。不过，缓慢然而明显地，这个趋势改变了。如今，从防病毒的电脑到随时随地可用的外部设备，苹果都是公认的设计领导者。这种始终不懈的变革精神，让他们成功地改变了那些“顽固的坚持者”对市场的垄断地位。苹果的改变给自身带来了效益。

从是到是到是

为了在自己劝说别人时能表达一个连贯的意思，这里有一个如何开始的关键思想。生活是复杂的，问题是复杂的，决策也是复杂的。而连贯让一切变得简单。一旦你作出了一个决定，做了一个承诺，或者下了决心，连贯性意味着你再也不需要思考它了。再也不用权衡正反两面，筛选事实真相。只需要保持一致，你就有一个方便和相对不费力的方式，去处理错综复杂的现实问题。

为了解决问题或做出决定，你必须全方位地让说服对象从一个同意走向另一个同意。如果你能让一个人对你的第一个要求说是，这就增加了他对你的第二个要求说是的可能性。如果一个人在作出决定之前非常想听一听你的建议，那么这个人很可能会听从你的话。如果他听了你说的（而且你所说的符合他的认知水平），他就更有可能考虑你这番话的价值。如果他考虑了这个价值，就更有可能为此采取行动。这就叫做建立一个“肯定集合”——是，是，是，是。

得到了一个人的公开承诺，这对你极具价值：你可以用此人的承诺来支撑你的观点，以达到你说服别人的目的。

例如，“在我们最近的谈话中，你提到了一个清洁装置的重要性，现在你仍旧相信它的重要性吗？”

“是的。”

“那你是否同意，我们应该做自己力所能及的一切事情来实现它？”

“是的。”

“那么不能保持护壁板清洁，不就破坏了这个装置的整体清洁吗？”

“是的。”

“那我可以依靠你给一些人分配任务，这样护壁板就能得到清洁呢？”

“是的。”

“这个事情就交给你去办了，什么时间能够完成？”

如何发送连贯信号

如何发送连贯的信号？这很容易！让你所说的一切都支持你的主旨，这样通过你所说的，你的主旨就编织成了一条始终如一的线路。用一种连贯和有说服力的方式对待别人，这样他们就会期待你的此种行为。坚持你的价值观，忠实于你的言论，遵守你的承诺和协议。让你自己所支持的，所认同的，所期待的一些事情得到大家的认可，并得到大家广泛的关注。如果你说自己要在下午两点见某人，不管什么原因，准时到那里，告诉别人你将要做什么，接着就有实际行动。告诉他们：你在讲话之前要听他们先说一说具体情况。你告诉人们准备给他们讲什么，然后给他们讲述，接着告诉他们你给他们讲了什么。

把握好度，不要陷入得太深

当有人试图用一致性来说服你时，你要保护自己，不要被别人利用。你需要怎么做呢？这很容易！记得，这个观点是，给自己一个承诺，通过忠实于你最初的承诺，尽可能避开对自己不利的事情的困扰。因此，你要仔细地对待别人对你的发问。如果你发现自己已经被逼到墙角，或者在交易进展中的某个节点，你想要获取利益已经非常困难，那么你需要保存实力，为了自己的利益着想。

例如：你去买私家车。标签上显示有降价。你急于接受这个不错的交易，但就在这时，因为某些原因，价格很快攀升（这叫做向上发卖，这里越来越多的条件附加到了你已经答应的交易中）。即使你能感觉到失调甚至被欺骗，但你还是暂时没有放弃。为什么？因为最初你选择了买车。营销人员提醒你先前的声明或协议或活动依然有效。但你有权力也有能力进行深思！问问你自己，在你首次同意之前，如果已经知道了事情要这么发展，你还会做同样的选择吗？如果答案是否定的，就要注意它！

口才

Eloquence

第二十四章
运用“短缺信号”增加说服力

人们珍视稀缺的东西

从供求定律到VIP会员价格，稀缺性提高价值。想获得有价值的东西很难。当每个人都想要某些东西时，它很可能就会供应不足；如果某些东西供应不足，同样造成每个人都想得到它，对吗？

它是稀缺的玩意、它是一个热门项目、路边社透露此物供不应求，这个时候，这些东西的价格像火箭般上涨。如果你得到一个，你的朋友们就会认为你是这个世界上最幸运的人。

这个世界上最好的乐队重新组建，将要进行巡回演出。这个时候，门票的需求量肯定很大，因为黄牛党会买下大量门票来减少供应，活动的重点都将围绕着门票展开。这个巡回演出甚至被炒作成了今年必须出席的活动。一个朋友有两张票可以卖给你，但他准备让你付出很大的代价！

难以得到通常意味着更有价值

并非只有稀缺性才能增加需求。难以接触得到的物品同样更有价值，也更难得到。像时间、信息和赏识等。

有限的时间有价值

当没有富余时间时，你的时间就将弥足珍贵，对你、对他人来说都是如此。当你越闲的时候，他们就越不珍惜你的时间。

独家信息有价值

最有价值的信息是不记录在案的，要么让人难以置信的独家垄断，要么非常个性化。这使得它变得稀缺。它隐藏在大门紧闭的秘密会议中，避开了任何人都能出席的公开讨论。它隐藏在一系列的特别交流中：医生与病人，律师与客户，父母与子女。它通过私人披露被公开，一旦被披露，它的价值也会迅速消失。

当可以时，赞赏有价值的事物

太容易给予的赞赏几乎得不到回报。不常使用的赞赏有更大的价值。容易得到的奖励也许能吸引人，但最好的报酬是最难得到的。因此不要总是等到它消失了，才知道自己应该能得到。当你仍然有时间时，珍惜自己已经得到的。人生苦短，任何事都可能发生。什么事都不要想当然。

特权与垄断创造稀缺的资源

格鲁乔·马克思[①]对任何想吸纳他成为会员的俱乐部，都全部拒绝。这个拒绝相当有名。除非你是他，大多数人喜欢独家这个理念，不管它是独家信息，独家许可，或者是一个独家机会。成为特殊的，必定会有一些特殊性。这种事情鲜有发生，所以具有极高的价值。

你可以通过强调某些产品的专有性，来诱惑人们，来提高人们对它的需求，提高大家得到它的欲望。

限度之外创造稀缺性

就像孩子知道高高的柜子里面有圣诞礼物一样，孩子会想方设法地得到礼物。大部分人不喜欢等待，就像这些想要得到礼物的孩子。并且，大部分人讨厌被别人否定。尝试着想一想，如果有人对你说：你不能拥有这个东西。这个时候你会怎么样？我想，你肯定非常恼火。

父母告诉吉姆说："你不能拥有它。"吉姆却会想："那我必须得到它！"吉姆父母越是强烈地制止，阻力越多，某件事物对吉姆的诱惑越大。

你要求你的孩子不要玩那个玩具，他们偏要玩。你要求你的孩子不要看电视，他偏要看电视。你要求你的孩子不要和那个朋友在一起，他偏要在一起。

---

① 格鲁乔·马克思（Julius Henry "Groucho" Marx, 1890 - 1977），美国著名喜剧演员与电影明星。——译者注

禁用品似乎比其本身更有价值

这就是为什么审查制度有自我欺骗的趋向。言论自由通过公开赶走不良信息和想法，阻止它们变得有价值。你审查一个艺术家或艺人，他的作品和主张的价值将会增长，增长，增长！想想南方小鸡①的个案吧。

在美军入侵伊拉克的十天前，在伦敦的一个演唱会上，主唱娜塔丽·梅因斯蔑视美国总统乔治·W. 布什。媒体把这件事炒作起来，有关评论传遍了美国。穿越这片自由的土地和勇敢者的家园，小鸡们被各地电台封杀。但这个封杀的努力事与愿违，她们的唱片销得和薄煎饼一样好。一个关于她们经历的影片《闭嘴与歌唱》吸引了大批观众，DVD 也销得很好。对小鸡们这种做法的结果似乎是："在她们的演唱中，一定有一些你们不想让我听到的东西，我必须听。"这个禁令（ban），按字面意思解释，成为了这个乐队（band）的品牌（brand）。

稀缺有其自身的语言

表现稀缺的时候，要给人展现出来，某件产品是抢手的、重要的、独家和有声望的，是被禁止的。

我们经常在商场看到很多类似的标语："这周五截止！""只限五天！""最后机会！""不要错过！""私有的现在公开！""史上头一回！"

① Dixie Chicks，美国最成功的女子演唱组合，因为抨击小布什的伊拉克战争而饱受争议。

“独家供应！”“邀请人的很多，选中的人很少。”或者更简单的广告语：“快！！！”

如何传递稀缺信号

如何传递稀缺的信号呢——让你的提议显得很特别，而且很有限。有限的时间，有限的机会，有限的资源，或者使其特殊，以及独家供应。我们将是第一批得到信息的个人或者团体。或者，提供首先察看成长趋势的机会。或者，制造一个永远不会重现的唯一机会。再或者，只提供足够的信息来让人们保持兴趣。还需要我说更多吗？

三思而后行

当有人试图用稀缺信号来控制你时，这里教你如何保护自己免受可能的不良企图侵害。这很容易，仅仅为自己着想就够了！只是因为某些东西稀少并不意味着它们更好。只是因为某些东西稀缺，并不意味着它们销量很好。而且正因为一些东西是独家的，并不意味着它们比别的东西效果更好。平静下来，问问你自己，这确实是你想要的吗？如果它销路不好将会怎样？如果一个时钟不能显示剩余的时间，你要它做什么？就其本身来考虑，考虑它对你的真实价值。

口才

Eloquence

第二十五章 如何面对问题和异议

想要成功运用说服的艺术，你必须坦然面对说服对象的问题，甚至是欢迎说服对象的问题。如果这些问题你不解决，这些问题就会影响你的说服工作，甚至会让你无功而返，又回到了说服工作的原点。如果一个人对你的观点存在较多的疑问，那么这是一个好的信号。这说明别人对你的话题感兴趣。这个时候你要做的，就是理解问题的本质所在，然后对问题做出一个圆满的解答。

在回答问题之前，回顾自己所说过的话

为了更好地理解一个问题，使用发问者同样的话语来重复一遍。通过协商可以增加亲密性和接受度，并让你有了听到问题的第二次机会。注意问题提供了什么信息，以及什么信息是缺失的。

注意时间和语言

问题也许会有一个时间元素（过去，现在或将来）和一个接近元素（视觉、听觉或感觉），确保你的反应包含这些元素。因此它将很好地围绕你的发问者的利益。

你可以重新组织，回答你自己的问题

如果你有一个答案，务必要提出。如果在当时的环境下不能回答发问者的提问，你将不得不猜测问题的更深层含义，用新含义重述这个问题，并对此做出响应。接着要求提问者确认你回答了这个问题。“这个答案是否适合你？”

把问题反馈给提问者

如果某人要求知道你的感觉、想法或意见，通过“你对它有什么感觉？”或“你的想法是？”或“你如何评价这些？”这样的提问，你总是可以把问题反馈给他。

如果不知道答案，你可以承认这一点

当不知道问题的答案时，你有三种选择来应对。

1、说：“我不知道。”接着问其他人是否知道。

2、说：“我不知道。”接着提出要去寻找。

3、再造一个问题，接着回答这个新问题。“我想你问我的问题是_____，答案是_____。”

如果你感到陷入困境，让其他人参与进来

如果你曾因一个问题的发问方式感到为难，这反而是个好时机，请求其他人参与进来，并且扩大讨论。“我很有兴趣听听其他人对此的看法。任何人！塔什娜，你想不想回答这个问题？”

如果你感觉被暗中陷害，做个赞成者

如果你感觉被暗中陷害的时候，要体现你的素养。你要表示他们那样的看法让你很遗憾。但你欣赏他们的诚实。使用关联问题。“当你说 _____ 时，与 _____ 有关系？”

对付反对派

在下一章，我们将探究如何对付反对派。目前，用一个简单的策略，你可以打断一个用话语攻击你的人，只要一遍遍重复这个人的姓名或性别（这位先生或这位女士）就好，直到他 / 她停止下来问：“什么？”接着你对这个问题表示感谢，提出要私下讨论它，并陈述或重申你要继续说下去的愿望。如果你喜欢，可以总是让他们说最后一句话，但什么时候、在哪里停止由你决定。“在会议的最后，我将会和你进一步讨论这个问题”或者“当我完成自己的发言之后，我将很愿意回答你可能会有的任何问题”。

对付异议

自从创世纪以来，最好的观点总是会遭遇别人的质疑和不解。大约在五千到六千年前的某些时期，在树林里有一个山洞。两个男人，Ugh 和 Hoogh，他们有一场讨论。Ugh 介绍一个圆形物体来用于运输。Hoogh 怀疑它能不能起作用。Ugh 用一个小模型来证明（他让一根树枝滚下山），Hoogh 认为这不过是一次偶然的运气，Ugh 只能认为 Hoogh 是一个蠢货。但幸运的 Ugh 把对方的异议理解为兴趣，感谢他毫无保留地说出意见，并继续下去，直到把 Hoogh 的拒绝转化为认同。而且这就是为什么聪明的劝说者喜欢异议，不管何种方式的异议。

当然，这样的事也许会发生：Ugh 宣称 Hoogh 是蠢货，为了报复，Hoogh 决定对 Ugh 的活动搞破坏，于是 Hoogh 集合了一支队伍。不知不觉间，Ugh 遇到了麻烦，棍子握在暴躁的反对者手中，他们的眼神，像出血般极度愤怒。我想说的是，你在深思熟虑之后所说的观点，哪怕别人不接受，此观点也是一个既成的事实。

我过去相信缺少异议是个好迹象。但从那以后我认识到，缺少异议也许是个前进路上竖立的路标，说明你已经进入“不受约束”区域。结果证明，异议其实是好事。为什么？因为只要正确理解，一个异议就是一个要求更多信息的请求。你的说服对象也许没有意识到这一点，但他已经给了你一个异议的事实，意味着他有兴趣了解更多。当有人提出异议时，这是个好机会，他们表达了很多人的心声。他们持同样态度，但因为害羞或其他担心——如果他们的生活依赖这个，不想直接说出。一旦一个异议被公开表达，你就有机会去解决和消除它。

面对异议的时候，最糟糕的表现是：阻止它或者使用其他的方式反对它。这个时候你可能还没有发现异议究竟意味着什么，异议可能还有深层次的原因。因此，面对异议最理智的做法是表示感谢，而不是反对。多亏了异议，让你有了一个宝贵的机会，可以在一个更有意义也更激励人心的层面上有说服力。

基本原则：不要说谎或夸张

在关键的问题或立场上说谎和夸张，很可能会暗地里破坏你的信誉，损害你的说服提议。实在是没必要冒这个险。所有的努力都会因一个单独的谎言而暴露，无论你说的剩余部分是多么真实，整个陈述都会站不住脚。虽然夸张在滑稽职业中很有效，答复质疑不应该是夸张的（当然，有一点幽默是一件好事情，但认真地说，严肃的问题应当严肃地回答！）。如果事实不支持你，承认它，接着提供其他事实。如果现实对你的提议不利，真诚地承认这些，同时强调有利方面。既然世界上根本就没有完美的决定，你想要帮助人们做出最适合自己的。通过表现真诚，你展示出了自己最好的一面。

先下手为强：首先提出异议

如果你能预料到别人会提出一个怎样的疑问，就可以为之做好准备。过去这些年里，在我的公开演讲课和讨论会上，我已经知道自己说的哪类的事情可能会引起反对。只要有可能，我宁愿避免提出可预见的争议观点，以便为新的争议留下讨论的空间。我做到这一点，是通过在任何其他人有机会提出反对意见之前，就插入讲述这个争议，并对其做出反应。这样做就能帮自己提升陈述事件的能力。

人们也许并不总是清楚自己反对某事的原因，但如果你想搞清楚，就可能会发现这个原因。也许他们担心的是可能的冲突或纠纷。也许他们想确信，你知道自己在讲什么。也许这是一种他们自我怀疑的表现。在任何情况下，我们希望任何事情都有一个圆满的结果，不管是你吸收了他人的提议，还是他们接纳了你的观点。你的内心是这样的：首先，感谢提出异议的人。其次，找出分歧在哪里。再次，发现分歧背后还有什么。最后，提供可以证明更深层利益的信息。

发现异议背后的事情

处理异议，更关心对方，分享你的知识和经验的内容，尽量少地去推销你的观点，一旦你已经知道了自己能对异议背后的事情做些什么，就可以按下述方法做出反应。

关于金钱的异议与价值相关

对方提出的异议是“这太贵了”。说服的艺术是满足说服对象说出自己对自身利益的考虑，而不是说服对方去做违背自己利益的事情。但关于金钱的异议总是与价值有关。那些声称没有钱买一些东西的人，似乎是为另一些东西筹集费用。如果一样东西花费很多，那么它应该具有这个价值才行。这就是为什么金钱的异议是和价值分不开的。

你可以使用对比法。“相比什么东西贵了？”然后你说出购买此类物品后的收益，然后将这个物品与一些价格低廉的物品相比较，告诉说服对象购买此物品会给他带来更多的收益。

你可以通过将总成本分解为“每天的数额”“每周的数额”或“每个

项目的数额”，并将这个花费与购买者购买的其他物品相比较，当花费的数目不一样时，你说服对方的时候也就到来了。比如对方要卖给你一件180美元的商品，你可以还出很低的价格100美元，对方不同意这个价格，你可以通过提高商品的报价，比如提高到130美元，并询问你的说服对象心目中的理想价位是多少，进而争取对方的同意。

你可以通过提醒说服对象，他们之前做出的关于自身利益和动机的承诺，进而争取对方的同意。

如果对方的异议中，包括将你的产品与一个相对便宜的产品相比较，如同“我可以花一半的价格买到别的东西，操作起来和这个一样好”，你就坦白承认，他确实能花一半的价格买到替代品，但其所提供的价值可远不到你的创意的一半。接着强调自己的创意相比那个便宜创意的好处和优点。无论你说什么，无论你做什么，你都要争取对方的同意。

性能的比较与好处相关

对方提出的异议是你的产品或服务做不到目前自己正使用的或者一个竞争者的产品或服务能做到的。“你的东西没有这些特殊性能。”这是一个信号，要求你发现更多他所指产品或服务的特性。请记住，人们关心性能，是因为性能提供好处；因此他们是基于好处，而不是性能来做购买决定的。

你可以发现，与你的产品相比较，其他产品或服务中的这个性能是否重要。问问对方，多长时间使用它一次，或者它为什么重要。对方的回答显示出来的信息精确地告诉你，为了有效果地答复这个异议，你需要了解什么。如果性能确实很重要（说服对象很需要这个功能），那么你就承认。接着集中强调自己产品或服务中具有、而其他替代物中缺失的特性，以及它能够带来的更多好处。

你可以指出自己产品或服务中独一无二的、能提供远胜过老产品或替代品的性能，不要去重点强调这些性能，而是强调他们所带来的好处。性能都是次要的，最重要的是给消费者带来的好处。

感觉到关于恐惧和拖延的异议

一些异议的目的是拖延进度。这是拖延者的最佳策略。他们害怕做出错误的选择，要么会担心受到批评，或者不愿意为此承担责任。无论何时，当你得到一个似乎只是为了推迟做出决定的异议，这就是一个信号：不需要更多信息，而需要一些控制、忍耐与问责。

著名的励志演说家和销售讲师金克拉①先生教育人们，对于涉及感官的陈述，最好的回应就是他提出的试探和感受的句子。你可以对说服对象说："我理解用那种方式你能感受到什么。我已经知道了那些有这种感觉的人。他们发现的是……"然后鼓励自己，让你的提议符合他们的需要和利益。你可以使用很自然的语言阐述这些。事实上，这个模式能起作用，是因为你认同某些人的异议观点，并知道你应如何为自己寻找解决方案，这是一个自然的反应。它成为了一种个人证明书。"我理解。我有同样的问题。但我意识到……"

遵从一个更高的权威，意味着疑惑

如果异议是这样的："我先必须告诉我丈夫（妻子、雇员、老板、合伙人）。"这就是怀疑的信号，也是一个再保证的信号。最佳反应是："这是一个好主意。在做重要决定前，我也经常重新考虑。"这使得你的说服对象感到安全和理解。接下来，有两个能发挥重大作用的事情，需要你搞清楚。首先，你可以简单地提问："我的提议中的哪部分你想要与X讨论？"与对方探究这个，让他向你透露自己的疑虑。你这时可以澄清这些疑惑，并请求对方做决定。

---

① Zig Glazier，国际知名演说家、畅销书作家及全美公认的销售天王暨最会激励人心的大师。代笔作品有《与你在巅峰相会》《登峰造极》《金克拉赢家销售心法》《天长地久》等等。

或者，你可以问X是否是决定的制定者。如果答案是肯定的，就请求对方允许自己和决策者交谈。这会激励对方自己做决定，而不是给你留下他没有权威的印象。

为了更多的时间和更多细节而提出的异议

当拒绝你的理由是“我现在没有时间做这个”时，你的说服对象要么推迟必须听你提议的时间，直到你放弃或离开，要么意识到，他需要更多时间和注意力去考虑许多细节问题，以避免仓促答应你的要求所带来的麻烦。在任何一种情况下，都要声明你理解他，并且感谢他认为你的建议值得关注。你接着问：“什么时候是更合适的时间？”通过主动促成下一个协议而不是被动地等候它，你就拥有了一定控制权，这有利于维护你自身的利益。

如果对象的异议是，你的提议实施起来需要的时间太长，你就要搞清楚在现有条件下，它到底需要耗费多长时间。如果异议是没有足够时间来完成你的提议，这就是一个信号，说明你需要提供细节，打消对方的顾虑。

在每一种情况下，你都有机会采取进一步措施来处理异议。

口才

Eloquence

第二十六章

如何处理反对意见

“你永远也别想改变我的主意。”“我不是三岁小孩，你以为你能骗得了我？”“你省省吧，我有更好的事情要做，而不是听你又一个愚蠢的想法！”

面对反对意见时，你可能犯的最大错误，就是将不期而遇的反对转化成一场冲突。这种错误很容易犯。你驳倒对方，或者置之不理，或陷入一场辩论，你不断地和对方说“是的，但是……”无疑将加深这个趋势。更严重的是你说：“你是错的！”迫使他人站在你的对立面。你和你的主张会发生什么变故？本来你可以获得对方的支持，最后你却遭到了他们的反对。

这是一个夜间研讨会，主题是：在这个浮躁的社会，如何维系真爱。听众几乎都是单身。其中有个男青年，他坐在两位年轻女性之间，并试图给两个人都留下好印象。他依次与两位姑娘谈话，反反复复，声音大得足以干扰其他所有人并让他们分心，他对我的影响特别大。我非常客气地请他为了周围的人，放低自己的音量，或者在课堂外面跟女孩交流。他却大声地回应我，拒绝我的建议。

于是我问他：“你自身的问题是什么？“

他做了回答：“你的问题是什么？”

我捍卫了自己的立场：“我要在这里做自己的工作，而你影响了我，也影响了大家。”

他回答说：“也许我在帮她们的忙。因为不管怎样，你并不知道自己在说什么。”

形势急转直下，我所说的一切都让我的处境更不利，却更有利于他。在晚上结束时我已经筋疲力尽，大多数人已经离去，除了那些看热闹的人。

令人庆幸的是，争论结束了。令人遗憾的是，争论的过程很糟糕，很失绅士风度。我要求他离开，他不愿意。我有应对反对意见的丰富经验，但是我没有这样做。

有趣的是，那天晚上我本来可以有其他选择。如果让整个团体参与进来，我就会有一个完全不同的经历。我本来可以对他为什么在这里产生好奇，并考虑如何为他解决问题。我本来应当指出，他似乎在发现真爱的道路上走得很好，因为他和身边坐着的两位可爱女孩能够很好地沟通。并邀请他上台来告诉大家他对健康关系的全部理解。我本来可以暂停讲课。我本来可以要求后勤经理来维持秩序。所有这些可能，都好于和他争论。

我不知道这家伙是否有一个合理的抱怨，还只不过是想吸引注意力，或试图给两位女孩留下好印象。我怀疑后者，但这有什么不同？如果有合理的问题，他有大量机会来陈述自己的观点，但他从来不这么做。有些时候，刺头们并非是想反对你，或者你的观点，他们不过是有意制造麻烦，想吸引别人注意。这些人是对你灵活性和自控能力的一个检验。说服力强的人，不会因为讨厌他人而分心。他们能管理自己的人际关系。

如果在你为一个团队进行演说时，发生了一些类似我经历的事情，要保持你的专业性，并采用以下选项中的一种进行应对。

这不是个人的问题

勇敢地面对别人的反对。生活是艰难的，而一些人并不知道如何寻求帮助。一些人不知道当别人提供帮助时，应该如何接受。他们应当做的，是通过与他人交流，分享自己的困难与挫折。这些并不是个人单方面能决定的。不过当你完善了自己的性格、内在的力量与决心时，就会发现他人并不能控制你，你和他们交流没有什么危险。

我回想起一个人。我为他工作了多年，他有让人难以置信的负能量，并且容易发怒，经常给我一些最没有意义，最无中生有、虚构的责难。我决定将这些负面评价看作一次挑战，并且去改变它。我在心里做了个游戏，平静地告诉自己所有他说到关于我的可怕事情。过了一会儿，我就开始期盼这个挑战，因为它多少能让我肯定自己，以及自己的生活，自己的努力，去影响事情向好的方向发展。他也许会愤怒地离去，而我则会开心地走开。

你可以休息一下

就像歌中唱到，你不知道什么时候拥有它，也要知道什么时候失去它。有时你停下，弥补自己的损失，重新组合并重获控制权。有一些私人交流的会谈，会比大众参与的活动更有吸引力。

找帮手

如果产生分歧的时候，你不能让一个起关键作用的对手转向你这边，那么可以引入一些能够对局势产生影响的人，来对付他们。你可以这样说："也许我是这里唯一的一个反对这个计划的人。你们想怎么办？"然后你平静地等待他们表态，或者你在室内走动，有些人就会做出反应。对于这个不同寻常的举止，有的人会表示赞同。这样你的机会就来了。接着你就说："很明显，我并不是这里反对这件事的唯一一个。在这个议程结束之后，让我们讨论一下。继续。"请记住，为了向前进行，你不用争取每一个人的支持。

尝试有策略的中断

使用有策略的中断有两种途径。一遍又一遍地重复对方的姓名或性别（先生或者女士），直到引起他的注意。说“先生，先生，先生”，直到他说：“什么？”这时，坚定但不带攻击地，仅仅在你提议的时间和地点问题上，让他拥有最终决定权。你说：“感谢你的参与。或者，如果你发现留在这里没有价值，欢迎你离开。我们也将会补偿你的损失。这是你的选择。我希望在座的每一位都有一个良好的听课环境。谢谢。”

有些时候，你的反对者内心涌动着很多情绪。当这样的情况发生时，很可能在处理这个问题上你并不孤单，因为它同样为其他人制造麻烦。也许他需要深思，也许他需要治疗，或者他上述两者都需要。既然他的行为与自己的需要有关，而不是与你的立场有关，你采取的行动，应该让他的破坏性行为最小化。你可以使用有策略的中断。“乔，乔，乔。”直到他说：“什么？”然后你选择迅速退回到刚才停止的地方，好像打断从未发生一样。

保持好奇心

有时，反对者表现出的立场，能够赢得你的好奇心甚至是敬意。一个人可能不具备说服技巧，并不能妨碍他采取一个正当立场。既然所有行为都有一个目的，问你自己：“这人到底想要什么？”或者问他们：“当你们说（回顾他们刚刚说的事情）的时候，你们真正想要表达的是什么？你们现在想要的是什么？”运用这些信息，你要么让他们信服，要么有了解决他们问题的方法。

种下怀疑的种子

如果你试图劝说的人有坚定的立场，如果你首先运用信息之门的问题种下一些怀疑的种子，就会发现做出回答变得容易。就像：“你怎么知道的？”及“根据什么？”和“如果你做了，什么会发生？”不过记住，面对强硬立场，你只需要对一小部分提出疑问，同时保护其他部分。不能完全怀疑，把握好度。

欲擒故纵

巧妙地运用策略，你可以改变一个人的立场，我称这种方法为欲擒故纵。欲擒故纵是一种处理问题的方法。想要对方的观点暴露出缺点，你首先要支持对方，然后提出一个更极端的立场。反对者这个时候会说：“这样不行。”然后你说：“确实如此，确实不行，甚至没有任何一种方法可以做到这些。”如果反对者只是为了反对而反对，这个时候他就会说：“你是对的，我错了。”你告诉他：“好的， 你是对的。我不知道自己在说什么。任何像你一样的人可能都无法从这样一个项目中得到任何有价值的东西。一点儿机会都没有。” 他可以反驳：“如果我想要，我是能做到的。”而你不同意他的看法：“不，我不这样认为。你甚至在这个研讨班上学不到任何东西。”他陷入了这个左右为难的处境。他可以保持安静。他可以愤然离开。无论如何，你在哪里遇到他，他都必须面对你。但如果他表现得无礼，你不要吃惊。你心里可以想：“我要继续向前，让我看看你能做到什么。”你也可以答复他：“谢谢，请继续。”

博得尊重

对付反对者的另一个办法，是赢得他们的尊重。当应对有敌意和侵略性的人时，这点显得特别重要。你可以通过与他们相处的行为方式做到这一点，让他们不由自主地欣赏你的自我管理和自我控制。首先调整好自己的呼吸，将速度慢慢降下来，均匀呼吸。接着让自己的双脚坚定地站立在地面上，就像扎了根一样。三思而行，随后开门见山地切入要点。

秘密公开化

一些反对者也许会为惩罚你或报复你的欲望所驱动。你知道这个俗语：“自己得不到的，就毁掉它。”当有人想对付你时，他们可以当你的面或在你的背后，公开或公然地攻击你。如果这种攻击是秘密而不是公开的，基于讽刺而不是信息，你很有可能将面对那些人：他们失去了控制，并相信自己最好的控制手段就是毁掉你的自控能力。将隐藏的不满与怨恨直接放在台面上，复述一些别人的讽刺性言论，并接着询问为什么自己的提议会遭到讽刺。“我正在谈论这个提议。那些讽刺与我们现在谈的这个提议有什么关系呢？”或者你可以复述这些讽刺性言论，并要求知道其背后的用意。“当你说那些时，你真正想表达什么？”如果对方完全拒绝任何改善形式的提议，你先将自己的提议搁置一下。坚持这种做法，这样暗中反对你的人，就会意识到每一次他这样反对你时，你都会揭露他的不良行为。或者相反，他最终决定告诉你事实真相，那你需要认真倾听，并帮他彻底表达出自己的痛苦、沮丧或者其他与你有关的问题。当他这么做的时候，对他的真诚表示感谢，并让他知道，在未来他能够用一种更直接和更专业的方式与你沟通。

不要做懦夫

反对，坚决反对。现在，对你的提议采取一个立场，并环视周围。这里有任何人敢于反对你吗？如果有，你如何利用本章中的材料来增强自己的说服能力？用心准备，如果反对者有备而来，那么就向前，想成应对的预案。

同时，如何避免让整个团队都反对你？我将在下一章告诉你相关内容。

口才

Eloquence

第二十七章 会议上说服别人的注意事项

对集体讨论来说，最糟糕的场景案例就是，当每个人都反对你时，你却对自己的观点相当肯定。如果你发现自己处于一个四面楚歌的境地，一定要停下来，重新武装自己。总结自己的观点，查缺补漏，给自己足够的时间。当你有了一个计划和目标时，再回到战斗中来。利用整顿自我的时间来寻找你的同盟者，因为团结就是力量。如果你无法找到任何支持自己的人，这很可能是表明你已经走上错误轨道。舔一舔自己的伤口，从经历中领悟，然后继续。所有明智的人都会如此。

从最佳情况考虑，为集体讨论设计的方案，不是集中于人身攻击和不良行为，最重要的是关注要讨论的议题，并且分析要达到的目的。集体是由个体组成的，不可避免的是，个体间存在着冲突，甚至有不和谐的举动。结果就是，集体讨论的时间成为了无效时间，这里的争论和愤怒的冲突破坏了现场气氛，妨碍了任何进展的可能性。这种情况是司空见惯的。

会议时间要充分利用，有私心的个体也要想办法避免，所以一开始就要建立基本规程，由领导这个团队的管理层对这些规则负责。一旦这些基本规则制订出来，很有必要将其张贴在会议室某些容易看到的区域，作为会议成果来回顾。接着取得每个与会人员遵守规则的承诺。

抓住中心

在会议的一开始，你的团队就应该确定，想要完成什么，为什么想要完成这些，为什么得到这些结果很重要。这使得会议变得容易，当会议脱离轨道时，使用相关问题让其回到正轨。

规则在这里：以始为终来开始举行会议。首先确定我们要做什么，我们为什么要做，以及做到之后的好处。

稍后，如果会议开始出现偏差，你很容易说：“我们说过了，这次会议的主题是这样而不是那样。围绕着主题展开讨论是有必要的。”

当他人发言时，用心倾听

当人们不再相互倾听时，或者只听那些他们不赞同的，或者对他们听到的无中生有，会议就失去了动力。

规则在这里：如果你希望别人认真倾听你的意见，你就要以相同的方式倾听别人。你们有责任相互理解，当有听不明白的地方时，应当提问以搞清楚。

会议中，如果会议成员因为彼此间的误解导致会议偏离了原来的主题，你可以这样做：“我们说过，不懂就要问，戴夫（人名），现在你想问什么问题？”

每个人都有机会发言

我们中的一些人喜欢讲话，另一些人并不这样。有些人很快能提出看法，但另一些人需要时间来思考。

规则在这里：限制所有人发言的持续时间，保证人人都有机会参与每个议程的讨论。

稍后，如果某个人做了冗长的发言，你就可以使用这个规则：“我们宁愿每个人都少说两句，以便让人人都有机会发言。让我们围着桌子走一圈，听听其他人要说些什么。”

发现共识

当参加会议时，我们会发现自己确实会比原以为的有更多共同点。当存在任何潜在的争议时，重要的是达成一个共识。

规则在这里：无论何时有了争议的可能，首先确定你能同意什么。

稍后，如果一个讨论开始向争执转化，你就可以使用这个规则。“我们同意，无论何时有了争执的可能，我们应当首先确定自己可以同意什么。在这个讨论中，什么是我们可以接受的呢？”

考虑多种选择

观点越多，越让人高兴。大家齐心协力的会议容易举办成功。这里，我们所有人的集合，比任何一个人都更聪明。我们每个人都有一个独特的专注方式，我们每个人也都有看到他人盲点所在的潜力。好的会议，会将这些考虑进去。

规则在这里：你们的集合，比你们中的任何一个都聪明，这就是团队合作的奥妙之处，要考虑到即将在会议上提出的所有观点都和你自己提出的一样有效，并在特别选定任何一种观点之前，认真考虑每一种。

稍后，如果某些人被固定在一种立场上，你就可以使用这个规则：“我们每个人都同意，像对待自己的观点一样考虑所有的观点，并在选定某个观点之前，认真考虑每个提案。我愿意回顾我们所有的建议和方法。”

有礼貌地讨论分歧

公开地发出侮辱和敌对的评论，就好像干净的地毯、窗帘和家具沾满了污渍。如若言语不当，甚至有了过激的行为，都会给会议带来不和谐的声音。我们要尽量避免此类情况的发生，最好不要伤害别人。

规则在这里：禁止敌对和侮辱性的言论。用你自己希望他人与你交流的方式，与他人相互交流。用你自己希望得到的尊重程度，来对待他人。

稍后，如果某些人插入进来并且将侮辱付诸行动，你就可以使用这个规则："我们同意，不得使用敌对和侮辱性的言论。让我们花一些时间，平静下来，并且用一种理智的态度来处理这件事。"

发现美德

不要担心一个问题多糟糕，每一片光明都有乌云的影子。不要等待，每一块乌云都有光明！也许光明就在眼前。这就是发现美德的重要原因，困难的时候也是如此。

规则在这里：当你批评某个想法时，考虑这个想法的益处，作为你对其评价的一部分。

稍后，如果人们太挑剔而无法取得进展，你就可以使用这个规则："我们已经同意，对这个想法进行批评时要同时考虑它的益处。我认为是时候重新考虑它了。"

解决方案优于责难

我已经听说，不管怎样你都要专注于详述。我不知道这是否完全正确，但我确实知道，一个推卸责任的组织，无论其付出多少努力试图将事情做好，都不会特别有效。一般说来，集中精力试图解决问题的团体是这样的：一个有活力和创造力的环境，能将员工的最佳状态显示出来。解决方案比责难更有价值。

规则在这里：从过去的经验中学习，然后将所学到的应用于未来。

稍后，如果会议演变成为相互指责，你就可以使用这个规则。“我们同意向过去学习，并把我们学到的应用于未来。我们能从这些对未来有价值的失误中学到什么呢？”

口才

Eloquence

第二十八章 说服的最后一件事

结束一个说服意向有两个方面，首先是关于你的说服对象同意了你的观点，其次是有关你的真实感觉。在本章中，我将和你探讨前者；在下一章，探讨后者。

在销售用语中，一个“结束”是指当你完成了说服过程，让你的说服对象做决定的时刻。一些销售人员相信，从你第一次联系客户，到你完成销售，所有的一切都是为了客户做决定的一刻。而事实上，如果你确实做了大量的工作，去倾听客户的心声，理解他们的需要、打算、动机和立场，并把这一切信息应用于你提出自己主张的方式上，你最后要做的就是等待说服对象做出决定。要是有这么简单就好了。

处于谨慎的考虑，一个人最常见也最容易做的决定是“我稍后会处理它”。对你希望做决定的要求，对方最有可能的反应是对做出错误选择的担心。结束这个提议并且双方达成一个最终决定，你就确实为自己也为对方做了好事。一个成功的结束，意味着对你们双方或者你们所有人，都至少有一件事要延续到未来。

结束带来了终结感。是的，你完成了，做好了。因此，通过循序渐进，不断地克服困难达到目标，相比一下子跳到最终结果，也许会更有益。过程最重要。在说服别人的倾听阶段，我们已经详细讨论了开放式问题的价值。在你提议的最后，你转而使用封闭式问题。这类问题需要对方明确回答“是”与“否”（你可以说：“我曾？”“你曾？”“我是？”“你是？”“我做？”“你做？”“我将？”“你将？”“我已经？”“你已经？”），在这时，你没有必要问开放性问题了（已经没有什么、谁、哪里、何时及为什么）。

在最后，你不断地点头，去暗示说服对象，他做出肯定回答是正确的方式。

建立一个“同意集合”

我曾听说过一个与“同意集合”（即通过设置一些问题，让对方不断地针对你的问题回答“是”）有关系的传奇故事。就像这样：如果能让一个人连续说八次同意，你就将完成一次销售。我并没有跟踪任何研究去证明这一点，但作为一个有用的假设，我将它应用得很好。

这里是关于一系列问题的一个实例，设计的目的是得到肯定答复。

你觉得我理解你的兴趣和爱好吗？

你关心的所有细节，我都强调了吗？

你对事情的来龙去脉，足够了解吗？

你知道它工作的原理吗？

你知道自己从这件事中如何受益吗？

你现在是否愿意接受所有的好处？

你是否明白，这些好处是如何创造出来的？

如果它像我说的那样工作，它对你来说是个理想选择吗？

得到一个否定回答，将会怎样？

在结束阶段，如果得到了一个否定而不是肯定回答，你将会怎么？你必须先停下来，了解你遇到难题的原因。如果你得到的所有回答都是否定的，好，你不能赢得他们的全部。正如我一个有说服力的朋友所说：“有些人愿意，有些人不愿意，那又怎样？有些人还在等候呢。”不要在一个失败的提议上浪费时间。尽可能优雅地停止劝说，然后离开。这是你真正能做到的唯一的一件事。它的这部分现在已经不由你掌握了。

如果你得到一个可能性，将会怎样？

如果你持续得到一个“可能”，而不是明确的“是”或者“不是”，这说明你没有完全了解说服对象。停止向前，终止你的议程。在返回你的说服意向之前，集中注意力，询问问题并了解你的说服对象。

最后的问题

然而，如果你已经得到了肯定回应，现在到你提出最后一个问题的时间了。把它弄明白，并尝试几次，这样当你结束自己的说服意向时，你能够很自然并且很真实地处理它。

你的最后一个问题以总结开始。包括收益，以及关于价格、折扣和时间选择等的其他重要问题。接着你要求销售额，要求签订协议，或者要求得到重新开始的许可。这些问题都是你需要考虑的。如果你满怀信心地说是，就很可能会得到一个肯定的答复。另一方面，如果你心有怀疑或害怕被拒绝，他们就会看出你的怀疑和害怕，猜想一下会发生什么？是的。他们将说不。而如果你的说服对象在你的问题中感到了太多压力，或者察觉到你喜欢这样的结果，这些因素就会令对方不快，并对你有所防备。

你已经尽了最大努力来提出问题，现在，就等说服对象的答复了，但你依然可以做些什么。你可以要求对方的决定。“我可以请你确认订单吗？”

或者像你已经得到订单，并有一个可以用来做决定的方案来行动。“如果你现在把你的信用卡号给我，我将为你提供第一批订单。”不管你如何选择，要尽可能地保持自然和亲切。接着微笑、等候，享受这个事实：无论发生什么，你已经学到了很多，并且尽你最大努力，用你的说服意向，满足说服对象的需求，实现了他们的利益，很好地契合了他们的动机。

将逻辑运用于写作

如果你做了一件讨人喜欢的事情，这件事情能帮助你说服对方，为了在你离开之后还能让决定起作用，你就需要做一些整理工作。

谈话中的逻辑部分你一定要了解清楚，有必要的话可以写在纸上。这给了你的说服对象可以看到的材料，提醒他们刚刚做出的决定的正当性。记住，大部分的决策都是情绪冲动时的产物，因此在做出决定之后，要用逻辑来证实其合理性。

告诉他们：你们的英明决定将带来很多的益处。他们的同意是你不懈努力的结果，想到这些你都会由衷地微笑。

结束谈话

停止。不用再读下去了。除非你花些时间将本章的材料应用到你的说服意向。不要担心，我哪里都不会去。我将留在这里，等你做完这些事。允许我再重复一次。停止。不要继续读下去。除非你花些时间将本章的材料应用到你的说服意向。

现在，是时候最后一次改变主题了。而且这时，就在这里，就在这个时刻，我们将会探究一个有说服力之人最强有力的特征——围绕一个想法组织内容。我将其称为风度。

口才

Eloquence

第二十九章 如何克服当众交流的恐惧与紧张

我承认这一点。我喜欢面对大众讲话。不管面前是五个人还是五千人，我发现与观众的交流与沟通都是刺激的和有成就感的。不过当众演讲经常被认为是成年人排列第一的担心之事。《名单》一书把对于死亡的恐惧排在第五，而把当众演讲排在首位。喜剧明星杰里·辛菲尔德解释说，这意味着，在葬礼上，人们宁愿躲在棺材里，也不愿意出来致悼词。这多么令人惊讶！真是这样吗？

至少有十几种途径可以解释这种焦虑，一类是生理上的，另一类是心理上的。当被要求去“表现”一个想法、计划、选择、产品或者服务时，焦虑是因为自我怀疑和害怕被发现而引起的，它与你消极的自我暗示，以及你的心理活动有关。这种焦虑的心理是生理方面的一个结果，这是陈述中对你，即说服者来说最有问题的部分——不坚定的声音、身体不适、恶心、手心出汗。思路被别人打断。谁愿意遇到这些问题呢？首先，开玩笑地说，是什么造就了大众演讲的恐惧心理？是以前的经历造成的阴影吗？也许你想得太多，但准备得太少。也许这是因为电视看得太多，因为电视上的所有人都恰好知道怎么去说，而当他们说话时，背景的笑声又使场景似乎对想得到娱乐的观众显得如此正常。或者也许是你自言自语的方式，挫折与怀疑的话语，你总认为自己讲不好，过多的恐惧在内心发挥作用。或许是因为你准备得很充分，但是演讲的时候大脑突然短路，导致你词不达意。再或许——仅仅是或许——这是一个虚假想法产生的结果。这个想法很明显是你的焦虑带给他人的。为什么你的想法让人感到虚假？因为紧张总是存在的，虽然有时候观众并看不出来。

好消息是，你不必克服焦虑和紧张。你只要可以控制它们，学着与它们共处，利用它们创造的、对你有利的能量。这里有一些控制方法，能帮助你提高自己的演讲水平。

均匀的呼吸

当体验到恐惧、兴奋和紧张时，你的身体一定会发生微妙的变化。第一个变化来自于你的呼吸。你可以有三种基本的呼吸方式。高和浅，中等和常规，以及低和慢。高和浅的呼吸是紧张的呼吸。中等和常规的呼吸是自动的呼吸，这也是你四处走动，处理日常事务时的呼吸。低和慢的呼吸是刻意放松的呼吸。当你在陈述自己的观点时，哪种呼吸会让你感到最舒服呢？是的，是低和慢的呼吸。这种呼吸牵涉了你隔膜的运动，当你呼吸时，你的胃在吸气时凸出。低呼吸让你平静，达到一种忘我的境界。恐惧使呼吸在胸口升高起来，导致贪婪、爆裂和缺氧！这种又高又快的呼吸在你的喉头施加压力，经过你的身体弹回，又传到你的双手（摇动）、膝盖（抖动）、胃部（翻动）和声音（紧张）。

低和慢的呼吸，可以帮你把尽可能多的氧气吸入体内。现在就尝试一下！将几个手指放在你的横隔膜处，（大致在你的乳头和肚脐中间！）接着吸气，如果你能正确感知自己的横隔膜，它甚至可以将你的手从身体上推开。慢慢地做，做上十到二十次。然后停止。演讲前尝试一下，你会发现，当你能够成功地控制自己的呼吸的时候，你就可以控制自己的手、脚，还有声音。

压住手指和脚趾

这里有另一种放松的方法，当你说话的时候可以使用！尽最大努力按住你的食指和大拇指。这样创造了一个压力点，让你的注意力远离神经系统，并进入这个压力点。或者，如果可以的话，你可以尽力挤压你的脚趾。当停止挤压时，你的身体将会有所放松。重复做一次，你的身体将会有更多一些放松。或者同样挤压手指与脚趾。在腹腔呼吸和手脚趾挤压之间，你可以让自己平静下来，并提升自己的状态。

使用一个标志性手势

不，不是那样！相反，你可以创造一个标志性和有力量的造型和手势，并在任何自己想以一个有说服力的方式发言时使用它。我的一个客户在政府部门任职，在说话之前，他在空中挥舞拳头。这些手势，一旦确定并经常练习，就提供了说话清晰和有说服力所需的力量和信心。我是一年之前使用标志性手势的。现在，当我在任何团体面前走过时，我把双手分开，把手掌抬高，接着将它们合在一起鼓掌，随后在身前双手紧紧相扣。

一个基本理念在于，选择一个手势，识别它对你意味着什么。确定它，练习它，并且使用它。方法如下。首先，确定它将会是什么。它可能是一个手部运动，或者是胳膊和腿的运动，或者与一个看不见的支持者相互作用。接下来，将你的脚平稳地放置在地面上，膝盖略微弯曲。随后，将你的注意力集中于环绕肚脐的区域。放松肩膀。接着回忆一个时刻：你处于兴奋、欢乐、自信与期待中，并有充足的时间。这个能回忆起来的经历，并不需要与演讲有什么关系。它可以在一场球赛或者音乐会上，可以是与你的情人亲密地坐在溪边，可以是任何你有了生理或心理感受，想要用语言表达出来的经历。当你回忆起了这些积极感觉时，做出你的标志性手势。好的，再来一次！

重复几次这个过程。当你做这个手势时，你将会训练自己的神经系统带给你的那些感觉。这就叫做刺激性反应，通过增加强度和重复，你可以加强它。你甚至可以在想象中的未来练习它！想象你自己就在做陈述之前操作这个模式，用你希望拥有的平静、自信和说服力进行这个练习。你可以尽情地享受这个过程。

自言自语

有人这样描述焦虑：让内在的你，控制你的肾上腺素。我相信，情况是这样的：孩子的时候听说了这样一个错误的观点，成年之后，在恐惧和脆弱的时候强化了这种观点。不要怀疑自己，更不能说“我不能控制这些”。或者“我是一个在错误的时间，出生在错误的地点的错误之人”。讲话的时候，每个人都愿意分享自己的成功和快乐的往事。 鼓舞人心的话语确实能改变生理反应，也许不是立竿见影的，但稍加练习，你可以做到它们，也确实做到了。

无论何时你感到焦虑，没有必要抗拒它。接受它，让你自己与它和平相处而不是排斥它。让自己平静下来，恢复你集中注意与沟通的能力。

一个重要理念

现在我将与你分享一个你需要的理念，以便让你在说服的艺术中获得成功，你能做到，当我这么做的时候，我希望你将它们大声念出来，似乎你完全相信！准备好了吗？它们在这里！

你能做到！

你必须相信，你完全有可能成功地说服自己的说服对象。你必须信任自己。只有这样才有意义。如果你不能说服自己，你能进行说服，如果你不能让自己确信，自己能让别人确信，那毫无疑问的是，你的说服努力将会充满疑问，并且因此而让人怀疑。

态度决定命运，态度也决定着说服结果。如果你对某些事情有不好的态度，你只能说服那些与你态度相同之人。如果你对某些事情有很高的评价，你很可能会说服人们，让你与他们分享这个看法。

多年以前，我被一些人说服去观看一部恐怖电影，他们劝我说，这部电影是令人愉快的。正所谓萝卜白菜各有所爱。我对电影的品位明显地与朋友们不相同。我发现剧情超级平庸（这印象来自于一个像我自己一样喜欢狗血电影的人！），而且悬念几乎就不存在。不过，这部电影里有一个让人难忘的角色。他是一个园丁。在影片的最后，当男主角与自己新娘开车离开时，他在他们后面喊：“你们可以做到！”

我只得猜测他这句话指的是什么。但他说这句话的方式是很有感染力的。几个月里，这句话，连同它的语音语调都在我脑海中盘旋。奥巴马竞选成功后，在芝加哥的的演讲中连续使用了“yes，we can”，同样很有感染力。这样，你就拥有了四种提高说服表现力的简单方法。低而慢的呼吸，按压手指和脚趾，使用一个标志性手势以及积极地与自己谈论一个让你更有说服力的事例。

口才

Eloquence

第三十章
拥有完美的说服力

当人们听你讲话时，人们印象最深刻的，是你怎么开始，以及如何结束的。

一个出色的提议总是以可靠的结论结束，而不是留下一个让人容易忘记的结局。一个出色的结论倾向于遵从这样的理念：我告诉你我要告诉你什么，然后我告诉你。现在让我告诉你，我告诉了你什么。对你说服意向的主要观点做一个回顾是非常重要的，接下来是对行动的一个回顾。这个时刻给了你另一个机会，帮助你的说服对象重新审视你已经和他们分享的理念和信息，当你来到你们互动的终点时，将会出现一个完美的结局。

多年以前，我的一个导师告诉我，一个成功的谈话可以产生这样的效果，“让他们哭或让他们笑。”这是个很了不起的建议。它再一次证明了有说服力之沟通的情绪化本质。而笑容和泪水都能感化听众，进而让你的诉求更有吸引力。我两种方法都采用过，并发现两者都是相当有效的。有时，我结束自己“生活计划的艺术”演说时，讲一个自己经历的困难时期的故事。当时我女儿还小，我努力赚取足够收入来支撑家庭。这是个真实的故事，相当个人化。每次我回忆和讲述它时，自己都深受感动。当然也一定会感动我的听众。

我讲的这个故事，其威力的秘密在于，当我分享它时，我透露的是我的成长故事中，作为一个人、一个男人的真实瞬间。你自己一定有很多这样的瞬间。这是一种利用你的经验来与他人分享经历的深度释放。我鼓励你抽出一些时间，思考如何让自己的听众发笑或流泪。在说服的艺术中，情绪促成买卖，情绪也可以终结买卖。

我想与你们分享自己多年前的一个经历。我妻子和女儿陪我参加了在华盛顿特区举办的一个由国际演讲协会组织的会议。这个会议让人难以置信。罗斯·佩罗①是晚餐演讲者，而科林·鲍威尔②是午餐后的演讲者之一。席间有一个长相和声音有几分类似泰迪·罗斯福③的家伙和我们说话，另有一个长相和声音有几分类似本杰明·富兰克林的也过来了。我们听了形形色色的发言人的报告，他们演讲的主题也是包罗万象，妙趣横生，他们都分享了自己过去很美好的一些瞬间。最后一天，是一个关于演讲的竞赛。每个回合，你都要在所有的观众面前演讲一分钟。经过层层淘汰，最后选出优胜者。

我对女儿来说，这将会给她带来很多乐趣。当时她只有十来岁，是学校辩论队成员，而且对她老爸的工作，长期以来都很有兴趣。我想，尽管与她同台竞争也是非常有意思的，因为即便她并不能和我一样出色，我想她也足够优秀了。而且与一个专家同台竞争，将会明显提高她的自尊与自信。

因此我们报名参加了这个竞赛，并被分到了不同的组。每次都有一个组会被带到不同的房间，接受如何演讲及如何被评判的指导。他们告诉我们如何运用自己的双手，他们告诉我们如何站立。他们谈到要强调什么语句，以及如何强调它们。他们向我们灌输了许多关于演讲的知识，然后一次一

---

① Ross Perot（1930—），白手起家的美国富豪，曾以独立候选人身份参加1992和1996年美国大选。

② Colin Luther Powell（1937—），美国第一个黑人参谋长联席会议主席，第一个黑人国务卿。

③既西奥多·罗斯福（Theodore Roosevelt，Jr.1858—1919），人称老罗斯福，昵称泰迪（Teddy），富兰克林·罗斯福（小罗斯福）的堂叔。

个地把我们送上讲台。

当时，我已经从事专业演讲工作有一定年头了。我有了自己的风格。我有自己处理语言的方式。我有自信心和强大的材料支持。但是他们告诉我裁判想听什么，于是我抛弃了自己的风格，试图迎合裁判。结果呢？我在第一轮就被淘汰了！我女儿则继续前进。她击败了我。不要同情我。我泰然处之。我总是这样。但就在那一天，我学到了重要的一课，我也希望你能从我的经历中受益。以下是我学到的。

最有力的说服，来自于那些自然和真实的人。如果你有一套自己的、行之有效的说服技巧，而我却没有在本书中提及，嗨，按你知道的去做，并让我已经和你分享过的信息，支持你而不是阻碍你。如果我在本书中所说的一些内容恰巧对你不起作用，请不要采用它！我够坦诚吧？

在本书的开始，我就说到，此书的目的是帮助读者表达自己的观点，并力争让自己的世界变得更加美好。亲爱的读者，你可以按照我说的技巧和策略，反复地实践，争取消化吸收我的理论，并在演讲中完善自我。

这就是所有的、简单并有效的说服技巧，它们可以提升你的自信，提升你劝说别人的能力。你可以做到，所以不要停，继续你的说服之旅。借助你的影响力，改变你的思维，改变你的生活，然后改变这个世界！

图书在版编目（CIP）数据
口才 / (美) 科斯纳著；张勇译.
—北京：朝华出版社，2012.12
书名原文：Insider s Guide To The Art Of Persuasion
ISBN 978-7-5054-3338-0

Ⅰ. ①口… Ⅱ. ①科… ②张… Ⅲ. ①口才学—通俗读物 Ⅳ. ①H019-49

中国版本图书馆 CIP 数据核字（2012）第 277913号

口才

作　　者　(美) 科斯纳

翻　　译　张　勇
选题策划　刘一寒
特约编辑　卜凡鹏
责任编辑　郭林祥
封面设计　千里马工作室
责任印制　张文东
出版发行　朝华出版社

社　　址　北京市西城区百万庄大街 24 号　　邮政编码　100037
订购电话　（010）68413840　68996050
传　　真　（010）88415258（发行部）
联系版权　j-yn@163.com
网　　址　www.blossompress.com.cn
印　　刷　北京联兴华印刷厂
经　　销　全国新华书店
开　　本　787mm × 1092mm　1/16　　字　　数　32 千字
印　　张　15.5
版　　次　2013 年 1 月第 1 版　2013 年 1 月第 3 次印刷
装　　别　平
书　　号　ISBN 978-7-5054-3338-0
定　　价　28.00 元